科技期刊编辑与 科技论文写作

李克永　主编

西北大学出版社

·西安·

图书在版编目(CIP)数据

科技期刊编辑与科技论文写作／李克永主编. —西安：西北大学出版社,2024.6

ISBN 978-7-5604-5397-2

Ⅰ.①科… Ⅱ.①李… Ⅲ.①科技期刊—期刊编辑—研究②科学技术—论文—写作 Ⅳ.①G237.5②G301

中国国家版本馆 CIP 数据核字(2024)第 106140 号

科技期刊编辑与科技论文写作

KEJI QIKAN BIANJI YU KEJI LUNWEN XIEZUO

李克永 主编

出版发行	西北大学出版社	
地　　址	西安市太白北路 229 号	邮　　编　710069
网　　址	http://nwupress.nwu.edu.cn	E － mail　xdpress@ nwu.edu.cn
电　　话	029-88302825	
经　　销	全国新华书店	
印　　装	西安日报社印务中心	
开　　本	787 毫米×1092 毫米　1/16	
印　　张	9.25	
字　　数	210 千字	
版　　次	2024 年 6 月第 1 版　2024 年 6 月第 1 次印刷	
书　　号	ISBN 978-7-5604-5397-2	
定　　价	38.00 元	

如有印装质量问题,请与本社联系调换,电话 029-88302966。

前　言

近年来,社会在进步,各个学科在发展,科技期刊编辑的工作能力和作者的写作水平也在不断提高。笔者根据从业多年的编辑经验、写作经验及科研工作经验,对科技期刊编辑规范、科技期刊的文献计量学研究、科技期刊案例分析与科技期刊论文撰写等方面进行了阐述。

本书共分四个部分:第一章科技期刊编辑;第二章科技期刊的文献计量学研究;第三章科技期刊案例分析;第四章科技期刊论文撰写。重点展示了编辑学研究对象、期刊编辑学研究内容、科技期刊编辑素养、科技期刊编辑培养、科技期刊编辑选题策划、文献计量学等在科技期刊研究和科技期刊文献计量学中的应用,同时对科技期刊评价方法、评价内容、指标分析、办刊经验,以及对科技期刊论文主要特点、结构组成、图件、表格、正斜体等方面进行了介绍、解释与分析。

第一章科技期刊编辑。本章主要阐述了编辑学的来源,描述了期刊编辑学及其研究对象、期刊编辑学研究内容及读者、编者、作者三者之间的关系,分析了科技期刊编辑素养与科技期刊编辑培养方案,提出了科技期刊编辑选题策划的原则与思路,剖析了科技期刊选题策划的途径。

第二章科技期刊的文献计量学研究。本章主要阐述了文献计量学的概念,介绍了文献计量学从理论上总结并验证各种经验规律,为实践提供了理论指导;分析了文献计量学在科技期刊研究中的应用,运用文献计量学的理论和方法研究科技期刊的理论、科技期刊的概念和此学科的意义;剖析了洛特卡定律、布拉德福定律、齐普夫定律、普赖斯定律、加菲尔德定律等科技期刊文献计量定律的主要内容及其在实际中的应用。

第三章科技期刊案例分析。本章主要阐述了中文核心期刊定量评价指标及指标的逐版变化情况,提出了运用查阅文献法、对比分析法等研究方法,从刊文情况、论文学科分布、基金项目、研究层次、研究主题、作者分布等方面对期刊进行了分析,对影响因子、他引影响因子、5年影响因子、即年指标、基金论文比等指标进行了量化分析,同时与同行业期刊、省内同类期刊进行比较,并提出了7条办刊举措。

第四章科技期刊论文撰写。本章主要阐述了科技期刊论文具有独创性、学术性、规范性等主要特点;简述了科技期刊论文中学术性论文、技术性论文、综述性论文的主要特点;详细说明了科技期刊论文的题目、署名、作者单位、摘要、关键词、引言、正文结论和参考文献等组成部分的特点与撰写规则;明晰了示意图、直方图、等值线图、函数曲线图、照片图、柱状图、剖面图、模式图等科技期刊论文的图件绘制原则及图件使用意图、使用规范;明确了数据表、特征表、分类表、对比表等科技期刊论文表格的制作与使用;举例说明了科技期刊论文正斜体的变化可以体现所要表示的科学概念的具体意义。

本书是基于多年研究资料的积累进行编写的,先后受到了陕西省出版科学重点基金项目"普通高校学报一流期刊建设模式研究(20ASC03)"、陕西省出版科学基金项目"高校学报比较分析研究——以西安科技大学学报为例(14CSC05)"的资助。此外,《西安科技大学学报》编辑部及作者群体给予了大力支持、热情指导和帮助,向各位专家表示衷心的感谢!感谢西北大学出版社为本书出版所付出的辛勤劳动!本书撰写过程中参阅了大量前人研究资料,部分资料原始出处已无法查证,未能一一标注,在此一并表示衷心的感谢!

由于时间仓促,作者水平有限,书中难免有错漏之处,敬请批评指正。

李克永

2023年6月

目　录

第一章　科技期刊编辑

编辑学是研究编辑活动一般规律的学科,主要研究编辑对象、性质、任务和方法。编辑学既有丰富的实践性,又有完整的理论性,自身的理论体系又存在分支体系,在其内容的构建方面有着与其他学科的相容性。

一、编辑学及其研究对象

任何学科的产生和构建都基于其深厚的文化背景,一门学科的产生标志着人类社会科学文化的发展和进步。编辑学构架在中华民族上下五千年文化的历史基石之上,有着丰富的文化内涵和深厚的哲学意义。编辑工作是与物质生产技术密切相关、具有社会性的精神生产活动,是与国家政治、经济等息息相关的社会文化活动,影响着人们的思想和生活方式。在当代社会经济发展和政治制度对思想文化产生的影响下,编辑学具备了产生和发展的条件。编辑学是属于思想文化范畴的精神产品体系,是思想文化的重要组成部分。

1949 年,李次民在广州出版的《编辑学》是世界上最早以"编辑学"命名的专著;20 世纪 60 年代,日本成立出版学会,提出建立出版学的目标,将"编辑论"作为出版学的子课题进行研究,针对"出版"和"编辑"两个动词,在日本出版的《出版事业》中,只有"出版学"词条,但找不到"编辑学"一词;20 世纪 80 年代末期,加拿大成立了教学与研究并重的出版研究中心,也未提及创立编辑学的问题;苏联的出版界把"编辑理论和实践"作为一门学科名称,也未使用"编辑学"这一名词;20 世纪 90 年代以前,国外出版界没有出现"编辑学"一词,美国的部分大学为新闻专业学生开设编辑课程,主要教学内容为编辑实务;把编辑学作为一门独立的学科最早是从中国开始的,学科名称是采纳了人民出版社编审林穗放先生提出的"采用英文和法文编辑单词作为编辑学的国际通用词条"这一建议。美国《克利夫兰旗帜日报》1990 年 8 月 26 日发表的一篇报道中写道:"我想向我的西方读者介绍中国新近发展起来的一门学科——编辑学。全世界一直在对编辑出版进行研究,但把编辑加工作为一门严整的学问加以深入研究则很少见。近几年中国编辑界开始研究编辑学。"

先秦时期的编辑活动成果代表我国编辑出版开始萌芽;20世纪20年代后期,我国一些专著中开始出现有关编辑活动的论述;20世纪40年代中后期,一些大学的新闻专业开设了编辑方面的课程,如广东国民大学新闻专业教师李次民编写出版了《编辑学》一书,并将其作为授课教材;新中国成立后,中国人民大学出版社于1956年编辑出版了《书刊编辑学教学大纲》一书,讲授各类书刊的编辑原则、方法、研究对象、研究任务和书刊编辑原理等内容;十一届三中全会召开后,我国的编辑学研究迎来了春天,20世纪70年代末期到80年代中期,我国各省市分别成立了各类编辑学术团体,创建了编辑学术研究刊物,为我国编辑学的研究注入了活力;20世纪80年代中期以来,陆续出版了有关编辑学研究的论文、论著和专著,如阙道隆等主编的《实用编辑学》、中国出版科学研究所编著的《编辑学论集》、张汶等编著的《书籍编辑学简论》、王振铎等主编的《编辑学通论》、肖汉森等编著的《编辑学概论》,以及刘光裕与王华良合著的《编辑学理论研究》等,此阶段关于编辑学的理论研究逐步完善并开始全面发展,编辑学研究领域更加广泛,产生了编辑学的分支学科;进入21世纪后,我国编辑学领域介绍西方国家的新动向等方面的研究逐步增多,介绍国外先进编辑经验、经营方式和运作规律的研究专著也越来越多,这标志着我国编辑界逐渐走向国际化办刊之路。

编辑学的研究对象是编辑活动的性质、任务、作用及发展规律。编辑劳动产品不是为了满足物质生活和物质生产的需要,而是为了满足人们精神文化生活的需要;编辑活动承担着策划选题、组织创作、审读作品、做出选择以及加工整理已有作品等工作内容,同时包括研究编辑的知识结构、技能结构、培养规律及工作特点等内容;编辑学既要研究怎么样开展编辑活动,又要研究编辑活动对社会生活的引导作用,还要研究编辑活动与复制活动、发行活动之间的相互作用;不同历史时期、不同国家的编辑活动随着历史条件的变化而不断变化,编辑活动要遵循一定的规律,研究和把握编辑活动的规律是编辑学的根本任务。

二、期刊编辑学及其研究对象

1862—1868年,英国传教士麦高恩创办的《中外杂志》刊物,主要刊登新闻、科学、文学及宗教等方面的文章,每月一期,是定期出版的连续出版物,称为"期刊"。

期刊是一种定期出版的连续出版物,它按照一定的办刊宗旨、办刊方针进行编辑,刊登众多作者不同内容的文章,并以固定的刊名、固定的形式、固定的顺序编号按时成册出版(徐柏容,2001)。《中国大百科全书》对期刊的定义为"具有固定刊名,以期、卷、号或年、月为序,定期或不定期成册连续出版的印刷读物,它根据一定的编辑方针将作者的作品成册出版,定期出版的称为期刊"。2005 年 9 月,我国公布的《期刊出版管理规定》称"期刊又称杂志,是指有固定名称,用卷、期或年、季、月顺序编号,按照一定周期出版的成册连续出版物"。美国兰登书屋出版公司对期刊的定义为"期刊为定期发行的出版物,一般以纸面装帧,形态上包括不同作者的小说、短文、诗歌和评论等,往往再配有图片与插画,并且常对某特定之失误或范围的问题出版特辑"。罗伊·希伯特将期刊描述为"具有各种不同的内容、篇幅和外观,印刷纸张比报纸精美昂贵,具有光滑的封面,装帧比较考究……因为内容和地域分布的原因,期刊发行范围比报纸广泛"。此外,对期刊定义归纳的典型代表有"期刊是通过编辑主体的创造性劳动,将作为编辑客体的文稿转化为可供社会传播、积累,可供读者使用的出版物"(李学昆,1990)。该定义避开了对期刊特征的写实性描述,采用抽象性思维模式,从期刊编辑、文稿和期刊载体等方面探讨期刊特征,明确了期刊的流程、环节及功能。

1.期刊的概念

不同学科或同种学科不同种类、不同属性的期刊,有不同的传播目的和传播内容,期刊刊发的文章有多种体裁、多种内容、众多作者,有固定的刊名,开本形式稳定且每期正文页码稳定,以出版周期为期、年为卷号,并对应标明出版年、月,定期不间断成册出版。由此可见,期刊是一种具有明确的编辑方针,刊登文章内容多样,刊名、版面与开本具有固定性,并以卷、期与年、季、月、旬、周连续编号,定期连续印装成册的出版物。

2.期刊编辑学的研究对象

徐柏容在《期刊编辑学概论》中表明,期刊编辑学的研究对象为期刊编辑工作方法与编辑规律;卜庆华在《学报编辑学概论》中指出,学报编辑学的研究对象是大学学报的编辑工作,是研究学报的作者、编辑与读者之间的关系及其发展规律的学科;李学昆在《社会科学期刊编辑学》中探讨了社会科学期刊编辑学的性质、基本内容与研究方式。

期刊编辑学的重点研究对象是编辑活动,只有通过研究编辑活动才能揭示期刊编辑学的本质特征。期刊编辑学研究紧扣期刊的定期连续性、固定的刊名、多样性的内容与栏目的设置,从而决定了期刊编辑活动具有独立的个性。期刊编辑学研究的主要对象包括期刊编辑与作者、读者的关系,期刊编辑的基本素质和构成,期刊编辑流程与工艺技能,期刊编辑活动的文化行为与社会责任,期刊的经营模式与管理机制,期刊的影响力等方面。

从作者来稿、编辑加工、文稿刊发到读者阅读,这是一系列具有丰富内涵的文化行为,编辑对作者和文稿的选择及作者对期刊的选择就是一种文化价值和文化表现方式的选择,编辑对来稿内容、写作作品的选择与加工,是进行文化认同、赏识和推介以及社会责任与文化完善的再加工;读者对期刊的选择和阅读是对认定的期刊文化的一种再选择,也是对作者、编者文化行为的肯定、欣赏和文化选择,是期刊文化行为价值规律的社会体现,从而产生社会效益与经济效益的最终结果。期刊作者、读者、编者之间包含了丰富的文化行为内涵。

期刊栏目是支撑期刊总体编辑内容的构架,期刊的栏目设置反映了期刊内容形式的多样性和办刊宗旨。设置栏目是各类期刊的共性,且能凸显出不同期刊的个性。不同期刊栏目设置的名目不同,同类期刊根据栏目设置的不同表现出各自刊物的特色。对期刊栏目的研究体现了期刊实践与理论研究完美结合的重要研究内容。

期刊编辑学研究编辑活动的总体构架,包括在学科范畴内与期刊编辑活动相关的期刊编辑活动规律、编辑工作方法、期刊发展史等;期刊编辑学还研究与期刊编辑密切相关的新闻传播学、编辑出版学以及与期刊有直接影响的社会文化、读者心理、出版法规、广告营销等相邻学科的学科知识。我国编辑学界对编辑学和期刊编辑学的研究基本上是同时进行的。20 世纪 80 年代中后期,各省市陆续成立了省级编辑学会,开展对学报、期刊编辑的研究,特别是中国科技期刊编辑学会、中国高校学报研究学会的成立。同时期刊编辑学的研究从各省市到全国期刊界,各层级专家学者提出了不同的学术观点,对于提升期刊编辑学的研究层次提供助力,扩大了期刊编辑学理论的交流途径,完善了期刊编辑学的理论构建,提高了学科水平。

期刊编辑学研究人员逐渐增多,研究成果时代性更加鲜明。编辑学研究队伍经历了由点到面、由少到多、由弱到强的发展历程,编辑队伍在人员数量、文化层次和研究水平上均发生了质的变化。从学科发展来看,初期的学科研究局限于对期刊编辑学的分支学科、学报编辑学的研究,大多研究人员为高校从事学报编辑工作的人员。随着我国编辑出版学研究的展开与深入及期刊业的迅猛发展,期刊编辑学研究队伍由高校学报编辑部扩展到各类期刊编辑、出版科研院所的专家学者和出版行政管理部门的专家学者。近年来,不断有高学历、高素质、高水平的期刊编辑人员被派送到编辑出版科研工作岗位,部分期刊编辑到国外高水平期刊单位进行交流、访学,使我国期刊编辑学界的研究队伍在人员数量、文化层次,特别是研究水平方面都有了极大提高,国际化水平也得到了很大提升,为编辑学和期刊编辑学的深入研究带来了创新性的思维方法。

三、期刊编辑学研究内容

科技期刊作为重要的科技传播工具,传递着人类认识自然、揭示自然和改造自然的成果,蕴含着人类科技文化信息,是人类劳动成果的体现,也是科技进步和人类智慧的体现,更是科技进步和科技文明的记录形式。科技在近现代科学技术发展史上具有不可替代的作用。1981 年,裴丽生提出:"学术期刊编辑工作是一种专业、一门科学,有它自己的规律。"科技期刊编辑学同其他任何一门学科一样,有自己的研究对象。恩格斯提出:"每一门科学都是分析某一个别的运动形式或一系列互相关联和互相转化的,因此,科学分类就是这些运动形式本身依据其内部所固有的次序的分类和排列,而它的重要性也体现在这里。"任何一门新兴的学科,如果没有明确而独特的研究内容,找不到分类和排列的次序,或者其研究对象没有独特性,则难以形成被人们认可的学科。研究内容的问题,是创建科技期刊编辑学的首要问题,也是一个重要的理论问题(鲁星等,1992)。

1.研究内容

关于科技期刊编辑学的研究内容,不同的专家学者有不同的认识,尚未形成得到科技期刊编辑学界统一认可的论点。

1.1 科技期刊和所刊载论文

期刊是大众传播的一种特定表现形式,是办刊者根据文化市场与读者阅读的需求,确定期刊的编辑方针、经营策略与读者服务目标,运用期刊的本质属性与功能属性创建行之有效的编辑方式,树立期刊在市场和读者中的特点形象和鲜明地位的途径。科技期刊编辑学的研究内容是科技期刊、科技期刊编辑以及科技论文三者之间的关系及其发展规律。科技期刊编辑学的三个研究内容是辩证统一、不可分割的(奚尧生,1992)。

1.2 作者、读者与编辑之间的关系

作者、读者与编辑是构成编辑活动全过程的三个环节,可简要地概括为作者写稿、编辑编稿、读者阅读。从作者写稿到编辑加工是精神文化产品的物化过程,在这一过程中,作者的文稿作为精神文化产品,经过期刊编辑的文化行为流程,将文稿编辑加工出版,作者的文稿就转化为具有精神文化产品和物质文化产品双重属性的作品。

期刊编辑的工作,体现在期刊工作的各个环节,善于全面地、准确地发现好作者是编辑的一种重要能力,期刊编辑可以从自投稿中发现新作者,可以从期刊中发现新作者,可以从学术研讨会发现新作者,或者通过他人推荐发现新作者,编辑要广泛地团结作者、尊重作者,得到作者信任,重视作者的著作权。

编辑是作者与读者的中介,这个中介作用绝不是物质产品的流通,关键是编辑经过对作者文稿编辑加工,使得文章具有精神文化产品和物质文化产品的双重属性,从而使得出版物具有任何物质产品不具备的宣传功能、教育功能、文化功能等。

读者是期刊编辑工作存在和发展的基础,作为既是精神文化产品又是物质文化产品的期刊,没有读者的参与,说明刊物没有得到认可。期刊是面向读者的,其主要社会功能是满足读者需求,读者是期刊工作的服务对象,不同种类的期刊服务于不同的读者。因此,读者是期刊编辑工作服务的对象和目的。读者根据个人的阅读需求、专业水平及兴趣爱好来选择期刊,期刊赢得的读者越多,所获得的社会效益和经济效益就越大。因此,广大读者的认可是检验期刊编辑工作的标准之一。在期刊工作的编辑过程中,期刊编辑要重视读者工作,只有将读者工作做好了,才能更好地体现编辑的价值。因此,编辑要充分而广泛地

了解读者,重点了解读者对所编刊物的阅读需求,了解读者对刊物的阅读心理、阅读爱好及阅读的主要需求,及时调整选题方案、栏目设置和编辑计划。

科技期刊编辑学研究科技期刊编辑所固有的运动规律,其中最主要的是其与作者、读者在科技信息交流中的关系,这也是科技期刊编辑的重要研究内容(鲁星等,1992)。科技期刊编辑学就是要解释作者与读者在信息和知识传播中,各种关系发生的机制、发展变化的客观规律,寻求正确处理这些关系的手段(丁娜佳,1994)。

1.3 科技期刊和所刊载论文与作者、读者、编者之间的关系

期刊中的精神文化内容,只有通过读者才能转化为物质产品,进而体现编辑活动的社会价值。因此,编辑活动研究读者结构、读者需求和读者心理,研究不同读者群体的特点。同时,读者影响期刊走向与变化规律。编辑与读者、作者的关系贯穿于整个编辑过程,是编辑活动中最重要的关系。科技期刊编辑所固有的运动规律,研究作者、读者和编辑在科技信息交流的关系,也包括从确定编辑方针开始,在选题策划、组稿约稿、专家外审、编辑加工、印刷出版的过程中,对整个编辑活动的各个方面以及整个编辑过程各个环节的活动规律和方法的研究(方正沅,1992);科技期刊编辑学把整个编辑活动放在人类社会科技活动的角度加以研究,探讨编辑活动的性质、特征、内部与外部的联系及客观规律(袁正明,1992);科技期刊编辑学研究内容是科研工作者的精神产品经过编辑加工的产物,主要研究作者、读者、编辑之间的内在联系,它是科技期刊编辑学研究的宏观表现。在这个三角关系中,编辑发现和联系作者,服务于读者(奚尧生,1992)。科技期刊编辑学包括科技期刊编辑的全过程,其研究对象是科技期刊的作者、审稿者和科技期刊的读者,科技期刊编辑学主要研究内容包括编辑过程中编辑心理行为、编辑专业行为及相关科学学术素养等(程静,2006)。科技期刊编辑学是以科技期刊编辑现象和编辑活动为研究对象,以搜集信息、选题、组稿、编辑加工、修改、发表和信息反馈的编辑活动及规律为研究内容的一门分支学科(姚远,2005)。

可见,科技期刊编辑学的研究对象,既包括文稿、期刊和编辑过程,又包括参与其中的读者、编者、作者之间的关系。

2.研究内容的特性

科技期刊编辑学是研究人类文化交流中的编辑现象的学科,也是研究编辑

与编辑对象间运动规律的变化特征以及它们之间相互影响与相互联系的学科（王振铎，1997）。因此，科技期刊编辑学的研究内容为编辑、编辑对象的变化规律、编辑与编辑对象之间的相互关系。

2.1 科技期刊编辑的特性

编辑工作是整个出版工作的中心环节，编辑工作具有政治性、科学性、创造性等特点，还具有选择性、加工性和中介性等编辑工作的专业特点。编辑学解释编辑过程各环节之间的矛盾运动及其相互关系，需要编辑不断总结编辑工作经验，调查研究编辑工作中产生的各种新问题，探讨编辑活动规律。科技期刊编辑不同于其他编辑的最大特性是科技期刊编辑具有专业背景，具备科学研究的基本素养，他们首先是科技工作者，他们的知识结构与科研经历使他们能够更好地把握科技文稿，让编辑活动更好地服务于科技创新活动。科技期刊编辑更能密切注视科研动向，跟踪并引领科技发展方向和学科前沿。因此，科技期刊编辑不仅能完成科技期刊的编辑工作，进行组稿约稿、编辑加工，更能跟踪学术前沿，追踪学科进展。

2.2 编辑对象变化规律的特性

编辑活动受社会的政治、经济、文化、科技等的制约，又不断对社会的政治、经济、文化、科技等产生影响。编辑活动与复制活动、发行活动等出版活动中的其他部分有着不可分割的关系。因此，编辑学研究并阐明编辑活动的社会性质与编辑活动在出版活动中的地位和作用。科技期刊由科技和期刊两个概念组成，前者是内在的核心，是精神、是灵魂，后者是外在的载体，是媒介、是躯壳，二者是精神和物质的关系，是内容和形式的关系，因此科技期刊独特的秉性是其科技内核（姚远，2005）。科技期刊登载的内容是科技创新的研究方法和研究成果，这是科技期刊与普通期刊的区别。因此，科技发展和变化规律是科技期刊编辑学研究的主要内容。

2.3 编辑与编辑对象相互关系的特性

科技期刊编辑与编辑对象相互关系既与其他期刊编辑一样具有相同性，又有与其他编辑不同的特殊性，其特殊性主要体现在科技期刊编辑面对的文稿内容是科学技术。科技期刊编辑活动是让科研工作者的学术成果由具备传播的可能性变为能够传播的现实,科技期刊编辑要能够发现具有科学价值的科学文稿,甄别文稿的科学价值。因此,科技期刊编辑的责任不仅仅是组稿约稿、编辑加工等编辑活动,更主要的是甄别文稿的科学价值,把握学科前沿和学术热点,这是科技期刊编辑活动与普通编辑活动的最大区别。

四、科技期刊编辑素养

个人素养是在先天生理的基础上,受后天环境、教育的影响,通过个体自身的认识和社会实践养成的比较稳定的利于身心发展的基本品质,是人们认识客观世界和改造客观世界的能力和水平。修养的高低既制约和决定着人们自我价值的实现程度,又标志着人们对社会做出贡献的程度。编辑修养就是指编辑在从事文化成果的传播与出版活动过程中所表现出来的直接决定出版物质量并对社会文化积累、社会道德形成发展产生直接影响和显著效果的心理品质的总和(鲁新显,2007)。现在的出版业中从事编辑工作的人很多,有经验丰富的老编辑,有年富力强的中年编辑,有从事编辑工作不久、经验不够、能力尚待提高的青年编辑,也有从事编辑工作多年、工作态度欠端正、责任心不够,导致所编辑的期刊不时出现一些常识性错误的人,更有更新知识意识与创新意识不足的人。编辑队伍整体水平的提高有赖于每个编辑人员水平的提高,所以,应当提倡每个编辑人员都要加强自身的编辑修养,提高编辑业务能力(易志毅,1999)。

编辑工作性质和任务决定了编辑工作只有在政治、思想、业务等方面具有较高的素质才能做好编辑工作,不同编辑工作者的素质有所不同。要充分发挥编辑工作的社会功能,编辑人员必须具有良好的编辑素养。

编辑活动是一种有目的的社会文化活动。随着科学技术的迅猛发展,知识和信息猛增,知识老化速度加快,更新周期急剧缩短,对编辑也有了更高的要求(郭平安,2006)。科技期刊编辑工作中,编辑是主体,文稿是客体,编辑主体作用于文稿客体,编辑主体素养越高,编辑能力越强,对客体的影响就越大,越能达到主客体的辩证统一。科技期刊编辑不仅要熟悉文稿内容,而且要从政治、学术、方法等方面辨别文稿内容及质量,这就需要科技期刊编辑要有政治素养、思想素养及文化素养,同时有相对扎实的专业素养(郑秀娟,2013)。期刊质量的高低,首要的决定因素是期刊编辑素养水平,没有高素养的编辑,就很难有高质量的期刊。因此,科技期刊编辑要从内在到外在、从心灵到风貌等各个方面提高自身的修养。

1.政治素养

编辑人员必须自觉地接受和服从党的领导,贯彻执行党的路线、方针、政策。凡涉及重大政治理论问题的,在思想和行为上都必须与党的步调保持一致。要熟悉党的具体方针政策,牢牢掌握党的基本路线。党的基本路线就是编辑工作的基本指导思想,编辑要及时地学习和掌握党和国家的各项方针政策。编辑要具有基本的马克思主义理论水平,每一位编辑都应该学习马克思主义。文化建设是社会主义精神文明建设的一个重要方面,编辑出版工作又是文化建设中一支重要的力量,对于编辑来说,学习马克思主义不单是提高自己的思想道德素质的需要,更是提高自己业务素质的需要(陈怀民,2007)。加强编辑政治修养,是为了牢牢把握正确的出版导向,正确的出版导向是出版工作的生命线。加强编辑的政治修养已经成为出版工作的必然要求。编辑肩负着激发全民族文化创新创造活力、建设社会主义文化强国的使命,肩负着培育和践行社会主义核心价值观的责任。加强编辑政治修养,是出版工作的必然要求;加强编辑政治修养,能够帮助编辑深化对出版特性的认识,从而牢牢地坚持正确的出版导向(韦洁琳,2021)。编辑工作是社会主义建设事业的一个构成部分,是社会主义出版事业的重要组成部分,必须遵循社会主义的出版方针政策,编辑要具有较高的思想政治修养才能肩负起这个重任,编辑的政治修养是期刊编辑的首要素质,这是由我国出版事业的性质决定的,我国的出版事业是中国共产党领导的社会主义事业的一个组成部分,社会主义的出版工作首先是宣传教育工作,每一个编辑应坚持正确的舆论导向,期刊所发表的文章应与党中央的路线、方针、政策保持一致,编辑应具有坚定的马克思主义信念、较高的理论水平,要善于区分政治是非与学术问题,牢牢把握正确的舆论导向(鲁新显,2007)。

科技期刊是党的舆论宣传工具,是党在科技进步中的喉舌,是社会主义建设事业的重要组成部分,代表先进文化的前进方向。因此科技期刊编辑的政治素养尤为重要,要有正确的政治立场、政治观点等基本政治素养以及政策嗅觉、强烈的社会责任感,把握好学术的政治方向(詹洪春,2021)。

科技期刊编辑要讲政治,坚持正确的政治立场,自觉遵守党的方针政策和国家法律法规,熟悉各项出版政策,掌握正确的政治观点,明确区分唯物主义与唯心主义、科学与伪科学,阻止政治错误的出现,把好政治关;编辑的导向性首先是政策的导向性,编辑要有灵敏的政治嗅觉,传播优秀刊物;编辑的主体性要求要有强烈的社会责任感,充分发挥编辑在科技传播中的作用(詹洪春,2021)。

2.科学文化素养

编辑必须要有渊博的知识,一个称职的编辑在知识结构上应该达到深与广、专与博的统一,编辑的专业知识应达到一定的深度,也应有横向发展的知识面。因此,好的编辑不但要做本学科的专家,也应该是精通编辑业务、熟悉编辑规律的编辑专家。称职的编辑首先要具有编稿、审稿、鉴别、审视能力,对于初审稿件,能够迅速、准确地进行思想上和学术上的判断,才能发现某个领域有知名专家和优质稿件,与作者交流才能有学术上的共同语言。这就要求编辑要掌握本学科的发展历史、研究现状,不同专家的学术观点、研究水平、研究不足及热点前沿等问题,这样学编结合、以编促学、以学促编,编辑能成为专家,专家也更愿意投稿,共同成就编辑与学者(陈怀民,2007)。

科技期刊编辑的科学文化素质决定着编辑质量和学术水平,科技期刊的办刊宗旨反映不同领域、不同学科的学术水平,把握不同学科的研究进展、传播不同学科的科技成果离不开科技期刊编辑的编校规范、策划能力和组织能力。科技期刊编辑除了"博"之外,还应该"专",即应该是专家。首先应该是编辑专家,科技期刊编辑应该有既专又博的知识结构,即所谓的"T"形结构,也就是科技期刊编辑的专业知识既要达到一定的深度,也要有横向发展的知识面(郑秀娟,2013)。任何一本科技期刊都有一定的学科特点,任何一名科技期刊编辑都有一定的学科专业,但随着科学技术的迅猛发展、学科交叉的高度融合,要求科技期刊编辑不断学习、拓展知识面、更新知识结构,才能更好地把握学科前沿,鉴别文稿质量,适应出版要求。

科技期刊编辑要有较强的专题策划能力,这也是科技期刊策划的主要内容,成功的选题策划能提高科技期刊的整体质量和办刊宗旨;同时,科技期刊编辑要有较强的组织能力,科技期刊编辑不仅要组稿约稿、组织专题,还要参加学术活动、组织学术会议等。

3.出版编辑素养

编辑的出版知识修养对于期刊发展起到重要作用。编辑工作是文稿和期刊的桥梁,也是作者和读者的桥梁。编辑的劳动成果最终体现在期刊上,只有期刊的科研成果被读者接受,编辑的劳动才具有价值。编辑应熟悉相关出版业务知识,如装帧设计、印刷工艺、版权等相关知识,还应研究出版编辑规律及相关评价指标,如影响因子、期刊他引量、获奖或被重要检索工具收录、基金论文比、Web下载量、论文被引指数、互引指数、特征因子、论文影响分值、5年影响因子、5年他引影响因子等评价指标,以便更好地关注期刊的静态数据,分析期刊的动态发展。

4.职业道德素养

科技期刊编辑是精神产品的制造者,因此科技期刊编辑必须有较高的职业道德素养。编辑的职业道德素养是文化战线的重要阵地。编辑工作肩负着宣传党的方针政策、传播科技文化成果等重要任务,因此,编辑必须具备较高的职业道德素养,遵循职业行为规范和职业道德准则。首先,编辑要牢固树立起全心全意为人民服务的思想,为期刊发展、科技成果传承与传播做出自己应有的贡献,这是编辑最基本的道德素质。其次,编辑要有高度的使命感和责任感,要对文稿负责、对作者负责、对读者负责;要坚持质量第一原则,遵循文稿内容的真实性、科学性,以文稿的学术质量和学术水平为唯一标准和依据。同时,编辑部内要团结协作,编辑同行之间、编者与作者之间、编者与读者之间要相互支持、共同发展,促进科技文化成果的交流与传播。

五、科技期刊编辑培养

科技期刊发展呈差序化的发展格局,不同领域、不同学科、不同发展方向、不同宗旨的中文科技期刊运行模式也不尽相同,导致编辑人才培养不足的原因也各有差异(贾静宇,2022)。科技期刊编辑要想在飞速发展的市场中取得好的发展,就需要克服所遇到的各种困难,不仅需要面临科学技术国际化的影响,还需要适应国际学术与国内学术表达、内容与布局结构方面的差异性,这就需要科技期刊编辑重视学术专业化研究,从多个方面加强对编辑工作方法的重视,需要提升编辑的水准,推动编辑工作的良性循环(热孜万古丽·卡德尔,2023)。

1.提高政治素质

科技期刊编辑要加强政治理论学习,坚持正确的政治立场,提高政治敏锐性和鉴别力,找准科技创新点,促进科技成果的创新与传播(詹洪春,2021)。科技期刊以承载科技研究成果为主要业务,作为出版物的主要类型,意识形态应该放在首要位置。科技期刊编辑要具有敏感的政治意识、敏锐的洞察力,准确关注敏感词汇,要关注涉及民族、宗教的问题,要正确、规范使用地图等。

2.提高科学文化素养

科技期刊因其学科专业化特性,决定了稿源通常限定在某一个或某几个专业领域,因此,科技期刊编辑应具备编辑的基本素养,更应对所从事的期刊涉及的专业领域有深入的了解和研究,科技期刊的专业性对编辑的学术素质有较高的要求,为提高编辑对于文稿的组稿约稿、审稿校稿能力,科技期刊编辑一定要提高专业基础知识、学术把关能力,多参加国内外学术会议与学术交流,及时了解专业最新研究进展和学术前沿,努力提高学术水平。

科技期刊编辑应该把提高科学文化素养作为一项长期性、持久性的任务,不仅要学习编辑学基本知识、编校技能,更要不断学习本学科及相近学科领域的科学知识,还要利用现代化技术手段解决现代科学技术中存在的问题,提高编校技能,明确编辑规律,发挥科技期刊编辑的作用(詹洪春,2021)。

3.提高出版编辑素质

科技期刊编辑要深入学习编辑出版理论和编辑规范,全面掌握出版专业知识,提高编辑素养,提高编辑工作的敏感性和职业品位,拓宽思维、开阔眼界,为熟悉科技期刊编辑行业规范,进行编辑学研究。同时参加各种科技期刊编辑培训,学习编辑规范,增强业务技能,提高编辑策划和沟通能力(金琦,2018)。科技期刊编辑在从事编辑工作之前,基本没有接触过编辑,有目的地组织编辑参加编辑专业知识学习的活动是非常必要的,让编辑有效地融入科技期刊编辑工作中来,同时让编辑定期参加编辑会议、编校论坛等活动(张青松,2019)。

科技期刊编辑既是出版工作的主要参与者,又是作者和读者的中介。科技期刊编辑既要熟悉《中华人民共和国著作权法》《出版管理条例》《印刷业管理条例》《地图管理条例》等出版法律法规;又要熟悉《出版物上数字用法》《信息与文献　参考文献著录规则》《学术出版规范　表格》《学术出版规范　插图》《学术出版规范　学术期刊学术不端行为界定》等规范出版流程的技术标准与规范;还要明确"期刊编校质量差错率计算方法""期刊出版形式差错数计算方法"等差错率计算方法,确保提升编校质量,提高办刊水平。同时,科技期刊编辑要积极参加编辑学会、协会组织的相关业务培训活动,提倡编辑部采取"传帮带"制度,鼓励年轻编辑多参加编校大赛,提供各种平台与机会让科技期刊编辑申请科研课题、撰写编辑论文、总结编辑经验、分析编辑规律(贾静宇,2022)。

4.提高职业道德素养

科技期刊编辑要对各种文稿进行及时处理,结合科技信息进行编辑加工,在这个过程中,科技期刊编辑不仅要整合不同的文稿内容和图片,还要多使用新媒体手段编辑加工稿件。传统的编辑工作方式已经不能够满足当前时代发展的需求,新时代科技期刊编辑更应结合新媒体时代的特点,将科学技术最新进展和学术热点进行有效、及时的传播,充分发挥科技期刊的作用。寻找学术热点和学术前沿,要借助各种分析技术手段来挖掘文稿中的敏感点。科技期刊编辑要对学术前沿进行有效把控,科技期刊编辑要根据专家学者的意见,加强对学术的控制能力,确保科学技术研究内容的公正性和客观性;科技期刊编辑要顺应时代变化,提升组稿、约稿、编校、传播等综合业务能力,才能有助于读者思想道德素质提升和科学技术水平的提高。新时代科技期刊编辑要不断提升职业道德素养和职业技能,培养自己成为一名合格的科技期刊编辑。

六、科技期刊编辑选题策划

选题策划被视为征稿和收集信息等的整体性工作,在一定程度上影响科技期刊的质量,是出刊前的重点工作。

1.科技期刊选题策划的原则

1.1 方向性原则

方向性原则是科技期刊选题策划的首要前提,任何选题策划必须遵守正确的政治方向,保持正确的科学态度。科技期刊编辑要明确政治方向,明确科学发展方向,明确传统手段与新媒体的融合点(詹洪春,2021)。

目前,许多科技期刊的编辑工作者对选题策划进行了不同程度的改进,但是选题策划能力远不能满足当前期刊发展的需要。因此,科技期刊编辑在提升选题策划能力的过程中首先要明确符合社会发展需求的选题方向,且选题方向要与办刊宗旨一致,并能确保科技期刊的可持续发展,选题内容要满足读者的需求(薛楠,2022)。

科技期刊选题策划要响应国家发展战略,将不同研究领域的研究成果传播下去。因此,科技期刊编辑要明确国家重大战略方向,明确国家主要解决的问题,明确国家科学研究的学术前沿、学术热点,挖掘有效的科学技术研究信息,确定选题策划方向,制定选题策划方案。

1.2 可持续性原则

科技期刊的特色栏目、方向专题是区别于其他期刊的出版特色,也是吸引稳定的学科专业读者群体的特色所在,这就需要科技期刊必须具有明确的发展定位、独特的办刊宗旨及规范的编校模式等,只有具备这些特质,才能使得选题策划内容具有科技期刊独有的专业可持续性。科技期刊编辑要在工作中不断摸索与尝试制定适合期刊发展的选题策划,同时科技期刊编辑要保持选题策划的特色与定位,保持科技期刊的可持续发展(薛楠,2022)。科技期刊选题策划只是学术期刊编辑工作的第一步,必须把握好科技期刊的办刊宗旨、编校质量、印刷质量,才能保证科技期刊选题策划的可行性和可持续性(詹洪春,2021)。

1.3 服务性原则

科技期刊具有较高的、传承性的科研成果,这决定了科技期刊的读者群为本专业科研人员,他们所关注的学术问题大都是学术热点、学术前沿问题,科技期刊编辑根据学术热点、科研前沿制定选题策划,才能拥有更多的读者群体、作者群体,这才能有利于期刊的发展,也有利于作者的成长(詹洪春,2021)。同时,选题策划的内容要符合读者的学术需求,科技期刊编辑要在选题策划中满足不同读者的阅读需求,如新媒体手段的使用,可以使文字更简洁、图片更精美、思路更清晰等。

2.科技期刊选题策划的思路

2.1 立足国家战略需求及重大问题

科技是国家强盛之基,创新是民族进步之魂。科技期刊要服务于国家战略需求、服务于国家需要解决的重大问题,科技期刊能提升原创性科研成果的社会关注度及社会传播力。因此,针对国家战略需求及重大问题制定特色栏目,邀约业界专家学者撰写相关文稿、举办或协办与相关的会议、参加相关专业国内外学术会议、走进相关实验室与课题组,以约稿的方式策划特色专题,扩大科技期刊影响力,提升学术传播力(黄江华等,2023)。基础研究是整个科学体系的源头,是所有技术问题的源头,国家自然科学基金资助的项目大多面向学科前沿和国家重大需求,聚焦重大基础科学问题,旨在提升创新能力。科技期刊以国家战略需求为切入点,科技期刊编辑以自然基金项目为突破口,发掘新的科学研究增长点,结合科技期刊办刊宗旨,寻找正确的选题策划方向。

2.2 紧盯学科前沿、学术热点

科技期刊选题策划的重点应放在学科前沿、学术热点,把学科前沿、学术热点聚焦于重大研究上,策划吸引作者、读者关注的选题。科技期刊编辑通过邀请业内专家学者参与选题策划,使之更专业、更具有吸引力。科技期刊编辑可以在编委会上由编委提出学科前沿、学术热点,确定了选题后由编辑部或者不同学科的编委向专家学者约稿,这样可以保证文稿的创新性和前瞻性,提升科技期刊在专业学科领域内的影响力(包旖旎等,2022)。

科技期刊要紧跟学科前沿、学术热点进行选题策划。科技期刊编辑要关注国家科技政策及国家重大科研项目,关注科研人员的科研动态与学术进展,关注国内外学术会议的前沿、热点。科技期刊编辑要参加学术研究与编辑规律研究,提高寻找选题策划主题的能力,从选题策划、题目拟定、文稿撰写等各个方面,牢牢把握学科前沿、学术热点,找准选题策划的切入点,提高科研成果转化率(黄江华等,2023)。因此,科技期刊编辑要有开阔的学术视野、扎实的专业知识、敏锐的学术洞察力和鉴别力,追踪学科前沿、学术热点,推进期刊高质量发展(高金梅等,2022)。

例如,《西安科技大学学报》针对重大基金项目、热点研究内容、重要研究课题,服务于西部煤炭资源安全高效绿色开采工作,突出安全科学与工程、矿业工程、地质资源与地质工程等重大科学成果与技术问题,追求出版内容的真实性、客观性、科学性。2020 年《西安科技大学学报》依托国家自然科学基金,发表省部级基金论文 136 篇。其中矿业工程 37 篇,占 27.20%;安全科学与工程 22 篇,占 16.18%;地质资源与地质工程 21 篇,占 15.44%。刊文成果集中在煤与瓦斯突出防治、难采煤层及大采高煤层研究、矿区地质特征及地面沉陷治理、安全行为研究等专题栏目,刊文专业特色明显、专业水准高,特别是对我国西部矿区的生产及科研具有很好的推广价值和借鉴意义。国内外学术会议主题鲜明、行业内前沿技术、专家学者聚集,围绕学术会议进行选题策划有助于提升科技期刊影响力。科技期刊编辑通过参加国内外学术会议进行选题策划,组织高质量科技文稿,提升科技期刊的影响力(包旖旎等,2022)。

2.3 关注重要综述文章与高被引学者论文

重要综述文章与高被引学者论文是科技期刊编辑重点关注的内容。综述类文章能反映出相关学术问题的最新原理、研究进展、学术动态、研究方向等,往往是读者了解学术进展、关注学术前沿的有利途径,能吸引读者的注意力,从而提高期刊的关注度,能对科研工作者提供参考和指导作用。综述文章对学术进展、学术前沿方向具有较高的指引作用,更容易引起读者关注,提高科技期刊的影响因子。因此,科技期刊编辑更注重邀约综述性文章,尤其是知名专家学者的综述文章,这一类文章更能提高科技期刊的影响力,也能提高科技期刊的影响因子等指标,有利于刊物的可持续发展(高金梅等,2022)。

科技期刊是作者之间,读者之间,作者、读者与编者之间学术交流的一种媒介。高被引论文能深入地让读者知道其研究动机、研究方法及进展前沿等,被引频次高,说明其研究内容具有重大价值,且选题大多是研究进展、研究热点及学术前沿。科技期刊编辑要关注高被引论文,通过高被引论文捕捉出潜在的热点选题内容,并与高被引作者主动联系、组稿约稿,提升期刊的知名度和论文的评价指标。

开展重要综述文章与高被引学者论文的学者研究工作,充分利用重要综述文章与高被引学者论文作者的影响力推动选题策划的开展,这一举措对科技期刊的发展起推进作用。科技期刊编辑要有敏锐的洞察力、深厚的专业功底以及独特的科研辨别力。学术期刊要整合高端专家资源,拓展重点选题策划的广度。重点选题策划离不开知名专家学者的参与,可以从重点实验室、科研团队、科研人员、优秀研究机构、国家科研基金项目课题组及国内外数据库中遴选知名专家学者,策划合适的选题,有助于期刊实现高质量发展,科技期刊还可以通过编委集聚知名专家学者,形成学术共同体(黄江华等,2023)。

3.科技期刊选题策划的途径

3.1 提升编辑选题策划能力

科技期刊编辑要有把握内容政治导向的政治敏锐性、判断选题是否合理的鉴别力及判定内容创新程度的洞察力,只有具备这些能力,才能更好地进行选题策划。科技期刊编辑要提升政治素养,为选题策划把好政治关;还应不断提高专业素养,为选题策划把好学术关。只有这样才能做出与社会主义先进文化相符合的选题策划。科技期刊编辑的辨别能力直接影响文章的质量,编辑根据文稿的学术创新程度、成果水平、撰写规范等判断文稿质量。选题策划的水平高低,取决于科技期刊编辑的政治素质、专业能力、科研水平,取决于科技期刊编辑的组稿约稿、编辑校对、相关办公软件的运用能力。因此,高质量选题策划的成果与否,取决于科技期刊编辑是否具有较高的政治敏锐力和较强的学术水平。只有具备这些能力,才能把好选题策划内容的政治关和学术关,才能策划出更高质量的选题。

3.2 发挥编委的专家作用

科技期刊编辑主导选题策划,选题策划要用到大数据分析方法、相关分析软件,同时要始终保持选题策划的主动性、创新性、可持续性。在选题策划过程中,科技期刊编辑应该充分发挥编委的作用,邀请编委和专家学者一同参与选题策划,编委等专家学者以期刊的办刊宗旨为基础,结合专业知识、科研动态、学术前沿及研究热点等,帮助编辑确定选题策划主题,并利用编委的学术影响力在行业内帮助编辑组稿约稿,确保选题策划有序进行,扩大科技期刊的知名度及学术成果的传播力。科技期刊编辑可以把具有较高学术水平和较强专业技术能力的学者纳入编委指导办刊;同时可以引进优秀的青年科研工作者进行写稿、审稿,组建青年编委会,通过编委会提高科技期刊的影响力、提高审稿水平、缩短审稿周期,拓宽科技期刊编委的学术视野,最终提高科技期刊的影响力。因此,科技期刊编辑组织、邀约编委参加学术研讨会、专业学术年会以及专题讲座等学术活动时,应积极传播科技期刊刊载的科研成果,拓展读者群和作者群,扩大学术成果的应用、推广和科技期刊的传播力。科技期刊编辑部要与编委保持经常性联系,了解编委最新科研成果及科研进展,与编委及时沟通并汇报期刊出版专题、编辑工作亮点及工作中遇到的困难,与编委成为朋友,拉近编辑部与编委的距离(王洁,2023)。

3.3 利用大数据,做好选题策划

科技期刊编辑要善于运用期刊网站、微信公众号等平台进行选题策划宣传,可针对既定的选题策划内容,通过选题策划领域的论文被引量、影响力指数等指标数据遴选该专业方向的专家学者,对他们进行宣传推介,增加专家学者对选题策划的关注度,同时增强科技期刊编辑与同行业专家学者的联系。发挥大数据作用做好选题策划,既可以借助科技期刊发表与选题策划相关领域的学术成果,又可以实现选题策划内容的传播,满足读者、作者、编者的多重需求。因此,在编辑工作中,以科技期刊办刊宗旨为依据,要构建科技期刊基于大数据的选题策划工作模式(包颖等,2022)。科技期刊的办刊宗旨、发展目标、编辑的专业水平以及编校水平都会影响科技期刊的发展前景,科技期刊编辑在选题策划时才能有效使用大数据信息。扩大科技期刊编辑的专业视野可以拉近编辑与学者之间的关系,科技期刊编辑的选题策划视角可以对专家学者的科学研究有一定的指导作用,作者可以了解研究领域的最新研究动态,拓展专家学者的研究领域、研究重点及研究进展,将研究成果与科技期刊的办刊宗旨相结合,实现共赢;科技期刊编辑也可以提高学术审读能力,通过专题会议、学术会议、专家报告等多渠道提高选题策划、提取信息的能力。例如,每年的国家基金项目及省部级基金项目的立项就是各领域关注的学术热点和学科前沿,这些专业的研究动向就是选题策划的主题,科技期刊编辑可以通过微信、网站、相关数据库等各种大数据平台,获取相关科研信息。借助大数据平台提高选题策划水平,使得选题策划主题更具有创新性,因为选题策划主题不仅要满足当下的专家学者的要求,更要具有一定的前瞻性。因此,科技期刊编辑可以利用各种新媒体手段,收集相关科研信息热点,将收集到的科研信息进行梳理、归纳、整合,制订出具有前瞻性与适时性的选题策划。

3.4 提升科技期刊编辑的综合素养

选题策划的成功与否取决于科技期刊编辑的政治素养、专业素养、编辑素养与职业道德素养等因素。科技期刊编辑要有正确的政治倾向、敏感的洞察力,把握好选题的政治方向,并结合国家重大规划进行选题;科技期刊编辑的专业素养,为选题策划提供专业学术的科研基础,是科技期刊学术质量的首道内容屏障。科技期刊编辑要根据学科领域的专业知识和专业素养,对文稿的专业水准、创新能力、学术水平、专业引领等做出专业判断。因此,科技期刊编辑要提高专业知识储备量、更新专业知识、关注学科发展前沿、紧盯科学研究热点、提高选题策划能力;科技期刊编辑是实施选题策划的执行人,选题策划能否顺利实施和取得成功,取决于编辑的综合能力,科技期刊编辑除了要有敏锐的政治洞察力、强大的专业能力,还要有较强的专业判断能力、学科把握能力、计算机应用能力和大数据分析能力,以及科技期刊遴选指标分析能力、期刊宣传能力、文稿编校能力及科研成果推介能力等。

4.选题策划案例分析

《西安科技大学学报》为 1981 年创刊的综合性学术期刊,以安全科学与工程、矿业工程、地质资源与地质工程为办刊特色,兼顾建筑与土木工程、测绘工程、材料科学与工程、化学与化工、机械工程、电气工程及自动化、计算机科学与工程等专业领域内具有创新性的学术论文和科研成果。

4.1《西安科技大学学报》选题策划原则

4.1.1 方向性原则

《西安科技大学学报》是以安全科学与工程、矿业工程、地质资源与地质工程为办刊特色,因此《西安科技大学学报》的选题策划就具有了明显的方向性原则,选题策划工作主要以安全、矿业、地质等方向的专家学者为主。例如,针对"急倾斜特厚煤层安全高效开采""急倾斜特厚煤层群综放开采围岩动力灾害控制""生态脆弱区矿山动力灾害发生演化"等方向进行选题策划,先后刊出文章《分层分采层间坚硬岩层破断致灾机理及防控技术》《基于免疫粒子群混合算法优化 BP 网络的矿压预测方法》;针对"煤矿智能化关键技术""煤矿机器人技术""煤矿机电装备智能检测与控制""现代无损检测与评价"等方向进行选题策划,刊出文章《煤矿巷道掘进护盾临时支护装置模块化变权模糊评价方法》《煤矿巷道智能掘进机器人系统关键技术研究》《护盾式智能掘进系统截割机器人截割能力研究》;针对"采掘工作面粉尘智能防控""陕蒙矿区易自燃煤层深部开采火灾隐患识别与精准防控""深井开采煤自燃预测及防控"等方向进行选题策划,林海飞教授团队针对"采动破断覆岩中瓦斯储运规律及人工导流抽采技术研究""亲水剂对煤体瓦斯解吸抑制效应""近距离煤层开采瓦斯富集规律及定向抽采"等,刊出文章《煤层群重复采动卸压瓦斯储运区演化规律实验研究》《液氮冻融含水煤体孔隙损伤规律实验研究》。以上选题策划方向性与办刊宗旨一致,同时又符合社会发展的需求,有利于科技期刊的可持续发展。

4.1.2 可持续性原则

《西安科技大学学报》选题策划的特色和定位与其办刊宗旨一致,保持期刊的可持续发展。《西安科技大学学报》的特色栏目、专题方向是决定期刊可持续发展的关键。例如,针对"浅埋煤层岩层控制理论与技术""浅埋煤层保水开采岩层控制""浅埋薄基岩大采高工作面顶板结构及其运动规律""采动围岩压力拱与拱内铰接岩梁承载机制"等方向进行选题策划,连续刊出《浅埋大采高工作面超前支承压力峰值演化规律》(2021年第1期),《浅埋煤层综采面覆岩破坏规律的钻探实测研究》(2022年第1期),《浅埋煤层快速掘进巷帮蠕变效应及滞后支护》(2023年第2期);针对"基于过程方法的房屋建筑施工危害因素库构建及应用"等方向进行选题策划,连续刊出《建筑工人安全信息认知影响因素研究》(2021年第3期),《基于拓扑网络算法的煤矿瓦斯爆炸风险度量》(2022年第2期),《农村自建房安全风险因素重要度分级评判方法》(2023年第1期),《建筑工人安全能力对安全行为的影响:信息认知与AMO理论的双重视角》(2023年第5期)。从以上案例可以看出,《西安科技大学学报》的专题策划体现了期刊发展的可持续性原则。

4.2 《西安科技大学学报》选题策划思路

4.2.1 跟踪国家战略重大问题

《西安科技大学学报》在进行选题策划时,首先了解、跟踪研究国家重大战略方向的重大基金的专家团队,跟踪这些专家团队进行选题策划。例如,跟踪"煤矿采掘装备组合惯性测量精确定位系统研究及应用"重大研究成果,策划的《护盾式煤矿巷道智能掘进机器人系统》(2023年第5期);跟踪"中深埋煤层采动损害及水资源与生态环境保护"重大研究成果,策划的《柠条塔煤矿水化学特征及水源识别模型》(2022 年第 5 期);跟踪"采空区高硫湿热煤自燃高温隐患识别"重大研究成果,策划的《煤自燃高温隐患识别及离子液体防控技术》(2023 年第 4 期)。

4.2.2 跟踪学科前沿、学术热点

《西安科技大学学报》跟踪学科前沿、学术热点,关注科研动态与学术进展,关注国内外学术会议的前沿和热点话题,策划吸引作者、读者的选题。例如,参加"CHINA ROCK 2023 第二十次中国岩石力学与工程学术年会",策划并刊发的《循环荷载下黄土孔隙水压力与能量耗散演化》《荷载与干湿循环协同下红黏土的强度特性与裂隙演化规律》(2023 年第 5 期),进一步提高了《西安科技大学学报》的质量和水平,落实了"将论文写在祖国大地上"这一理念;又如《西安科技大学学报》针对热点研究内容、重要研究课题,针对"多参数水文动态检测智能预警系统""集成化电法处理解释系统""地下水自动检测测报系统""电子便携式水位计"等学术热点,策划的《改进贝叶斯判别法的矿井水源识别模型》(2022 年第 2 期);针对"煤层自然发火隐患识别及适用性控制技术研究与应用"等学科前沿、学术热点,策划的《液态 CO_2 溶浸煤体孔裂隙演化特征的实验研究》(2020 年第 6 期),《液态 CO_2 溶浸作用对煤吸附特征的影响》(2023 年第 3 期);针对"侏罗纪煤层绿色开采提高块煤率关键技术与示范""智能综采工作面硬厚煤层夹矸水力压裂软化关键技术与装备"等学科前沿、学术热点,策划的《深部软岩大变形巷道锚注一体化支护技术及应用》(2021 年第 2 期),《低渗煤层水力割缝钻孔抽采影响半径》(2022 年第 4 期);针对"唐山沟煤矿 13 号煤近距离采空区下回采巷道布置及支护形式与参数研究""14 号煤回采巷道顶板探测及支护技术研究""采空区煤柱对 11、14 号煤层的动压影响及卸压技术研究"等学科前沿、学术热点,策划的《三软煤层坚硬老顶深孔预裂爆破试验》(2020 年第 6 期),《浅埋煤层孤岛工作面区段煤柱宽度优化》(2021 年第 6 期)。以上文稿专业特色明显、专业水准高,具有较高的推广价值和借鉴意义。

4.2.3 跟踪综述文章

《西安科技大学学报》注重综述文章的跟踪以及与高被引学者之间的联系。近 5 年来,《西安科技大学学报》注重策划、刊发综述文章,如《基于 CiteSpace 知识图谱分析的露天矿粉尘浓度预测研究进展与展望》(2023 年第 5 期),《矿井粉尘防治机理与除尘增效技术研究及展望》(2022 年第 6 期),《啁啾纠缠光子

对的产生与压缩研究进展》(2021 年第 5 期),《煤气化灰渣组成结构及分选加工研究进展》(2021 年第 4 期),《高速高精光固化增材制造技术前沿进展》(2021 年第 1 期),《页岩气储层孔隙结构表征技术及实验方法研究进展》(2020 年第 6 期),《煤矿巷道智能掘进机器人系统关键技术研究》《煤矿机械在役轴类零件超声检测现状及展望》(2020 年第 5 期),《桩网结构动力响应研究新进展》(2020 年第 3 期),《黄土矿区开采沉陷与地表损害研究述评》(2019 年第 5 期)。以上综述文章反映最新原理、研究进展、学术动态等,引起读者的广泛关注,同时提升了刊物的学术影响力与影响因子等指标,有利于《西安科技大学学报》的可持续发展。

第二章　科技期刊的文献计量学研究

科技期刊的研究离不开文献计量学的指标详解。1917 年文献学家科尔和伊尔斯首次进行了文献统计研究；1922 年英国图书馆学家休姆首次提出"统计书目学"这一术语；1969 年英国著名情报学家普里查德首次提出用术语"文献计量学"取代"统计书目学"，标志着文献计量学的正式诞生。

一、文献计量学的概念

普里查德把文献计量学定义为用应用数学和统计学的方法，通过计算和分析书面交流各方面的问题，更清楚地表达书面交流过程和学科发展特点及进程的学科。根据普里查德的定义可知，文献计量学是以文献体系和文献计量特征为研究对象，采用数学、统计学等计量方法，研究文献的分布特征、数量关系、变化规律和定量管理，进而探讨科学技术的结构、特征和规律的一门学科。量有精确与近似、确定与随机、确切与模糊的区别，文献计量学既涉及自然科学，也涉及社会科学，影响文献计量学的既有客观因素，也有主观因素，因此文献计量学中的量大多是近似的、随机的和模糊的。

文献计量学研究的目的是引进量的概念和方法，揭示文献的体系结构和数量变化规律，提高文献的科学性和精确性，使文献更有效地为科学技术、经济与社会发展服务。

文献计量学从理论上总结并验证了各种经验规律，为实践提供了理论指导。例如，文献的增长率、半衰期和分布规律等可以合理确定资料的价值和利用率，为文献和期刊提供定量依据；利用文献计量学的方法得出的资料、经验规律可以分析和预测某一学科领域的发展、分化和相互渗透趋势，获得学科综述或专题调研；通过文献计量学可以预测某一学科的文献分布，判断某一学科的影响力和重要性，文献老化程度可确定学科的发展速度，为科技期刊选题提供依据;帮助期刊编辑或科研人员了解资料的价值背景,查明文献引用与被引用的关系,掌握学术发展动态与方向,确定选题、测定选题的吸引力与准确性,评价科研成果的质量,度量科学研究的效率,分析某一专题专家学者分布、作者的影响力及作者的学术声望;利用文献计量学分析数据,还可以预测某一学科或某一领域的发展动向及未来前景,为专题策划提供依据。

二、文献计量学在科技期刊研究中的应用

人们通常运用文献计量学的理论和方法研究科技期刊的理论、科技期刊概念和测定的意义。许多专家学者围绕着科技期刊的价值大小、相关专题在期刊中的分布情况及分布规律进行了广泛的研究。例如,英国著名文献学家布拉德福认为,某一专题、某一专业、某一学科领域相关论文在科技期刊中的分布是不均匀的,面向某一专业学科的期刊,除集中刊登本学科的或者几个特色学科的文章,还有可能刊登其他学科的文章,对于读者来说,需要查阅的文献就不一定集中在本学科的专业期刊上,而且还有一些文章可能分散在其他学科的相关期刊上。随着交叉学科的发展,研究领域与学科的关系密切程度变低,本专业的文章在各种期刊上的分布密度减小,说明科技期刊的客观存在揭示了专业文献的集中与离散规律。

对于某一学科或某一专业,少数期刊所含的文献量大,而多数期刊所含的文献量少,即某一学科的大量文章集中在少数期刊中。例如,煤炭学科专业的文章多集中在中国煤炭学会主办的《煤炭学报》等专业期刊以及《中国矿业大学学报》《西安科技大学学报》等煤炭类高校学报中,其他类期刊发表煤炭类文章数量相对较少。但仍有少量的文章高度分散在其他期刊中,这些论文往往属于交叉学科、分散性大,或者与本专业间接相关,如有些文章发表在《矿产勘查》《冶金与材料》《能源与节能》《煤炭与化工》《中国石油和化工标准与质量》《现代矿业》《西部探矿工程》等刊物上,说明科技期刊文献分布具有离散性的特点。由此可见,科技期刊文献具有集中规律和离散规律对立统一、相互依存的特点。

受学科发展的制约,科技期刊的产生是由学科发展的客观需要决定的,每一种科技期刊都有自己的学科和专业方向,其办刊宗旨、报道内容、组稿约稿、读者受众都有相应的学科和专业方向范畴,这些专业期刊势必会集中报道各自学科和专业方向的研究成果,加之科技期刊自身能力特性的差异,使得期刊论

文高度集中在少数期刊上。例如,与煤炭相关的矿业工程、安全科学与工程、地质资源与地质工程等学科和专业方向高度集中在《煤炭学报》《中国矿业大学学报》《煤田地质与勘探》等专业性期刊,以及煤炭类高校学报《西安科技大学学报》《辽宁工程技术大学学报》《山东科技大学学报》《安徽理工大学学报》《河南理工大学学报》中。

人为的主观因素也会影响论文的分布和科技期刊的发展。例如,知名专家、学科带头人的专业影响力,组稿、约稿的快速交流渠道,科学编辑、青年编委在文献领域的推介作用,这种强化的趋势易受到作者的重视,更容易吸引和获得高质量稿件,受这种效应的影响,大量的高质量同专业方向的稿件堆加在少数专业期刊上,形成少数专业期刊的专业文章集中的现象。同时,在文献形成和交流的过程中,这一现象受到人为选择因素的影响,如论文作者一般选择在专业相符或相近、声誉高的科技期刊投稿,而科技期刊的编辑也都选择学科专业相符、质量高、学术影响力较大的作者的论文发表。当某一新兴学科、学术热点、科研成果形成论文后,早期大多被几种专业科技期刊发表,这几种科技期刊随着科研成果研究的发展会更多地刊登反映该研究成果、研究热点的文章,同时其他期刊也会发表这一学科、研究热点的文章,由于受办刊水平、学术声誉、从众心理以及读者认可度等几个方面的影响,作者总是把自己的高水平文章发表在本专业已发表过学术带头人或者高水平文章的期刊上,从而使得这部分科技期刊来稿质量越来越高、期刊声誉越来越好、期刊威望也越来越高。

三、科技期刊文献计量定律

洛特卡定律、布拉德福定律、齐普夫定律、普赖斯定律、加菲尔德定律等构成了科技文献分析模式的基本结构框架,多年来这五大定律一直是科学计量学、文献计量学、情报计量学工作者们必须掌握的基本知识,并受到学术界的高度重视。它们之间既存在着高度的一致性,又存在着一定的区别。研究科技期刊文献量的特性既要注意研究文献及基本特征存在的各种不同的统计学规律,又要探索这些综合规律中对指导实践有用的统计学参数。

1.洛特卡定律

洛特卡定律是由美国学者 A.J.洛特卡(1880—1949 年)在 20 世纪 20 年代

率先提出的描述科学生产率的经验规律,又称"倒数平方定律"。该定律研究了科研工作人数与其撰写论文之间的关系,即写两篇论文的作者数量约为写一篇论文的作者数量的1/4;写三篇论文的作者数量约为写一篇论文作者数量的1/9;写 n 篇论文的作者数量约为写一篇论文作者数量的1/n^2……而"写一篇论文作者的数量约占所有作者数量的60%",该定律被认为是第一次揭示了作者频率与文献数量之间的关系,描述了科学生产率的频率分布规律。

1926 年,统计学家洛特卡在美国一家人寿保险公司供职,他经过大量统计和研究,在美国著名学术刊物《华盛顿科学院学报》上发表了《科学生产率的频率分布》一文,通过对发表论著的统计来探明科技工作者的生产能力及对科技进步和社会发展所做的贡献,1949 年这一成果引起学术界关注,称之为洛特卡定律。

洛特卡定律是对两组数据统计的推广,是对信息生产的一般理论估计,而不是一个精确的统计分布,它揭示了科技期刊论文作者频率与文献数量的关系,描述了科学生产率的频率分布规律。洛特卡定律的一般表达式为

$$f(n) = \frac{C}{n^a}$$

式中,n 为单个作者发文数且 $1 \leqslant n \leqslant T$;$T$ 为单个作者最大发文数;$f(n)$ 为发表 n 篇论文作者的比例;C 为某一专业或主题领域的特征常数;洛特卡统计的数据 a = 2。

若把每个来源看成是科学论文作者,相应的项目为期刊论文。如果撰写 n 篇论文的作者出现的频率[占作者总数的频率为 $f(n)$],C 为常数,表示作者取样总数的比例,则有 $f(n) = \frac{C}{n^a}$,这就是著名的"洛特卡反比平方定律"。其中,C = 0.6079。

以《西安科技大学学报》2017—2021 年发文量为例,本刊 5 年共计发文 760 篇,写过 1 篇论文的作者数为 432 人,占总数的 56.84%;写过 2 篇论文的作者数为 103 人,占总数的 13.55%;写过 3 篇论文的作者数为 48 人,占总数的 6.32%;写过 4 篇论文的作者数为 26 人,占总数的 3.42%;写过 5 篇论文的作者数为 16 人,占总数的 2.11%;写过 6 篇论文的作者数为 13 人,占总数的 1.71%;写过 7 篇论文的作者数为 9 人,占总数的 1.18%;写过 8 篇论文的作者数为 7 人,占总数的 0.92%;写过 9 篇论文的作者数为 6 人,占总数的 0.79%。

从统计数据看,写过 2 篇论文的作者数量大约是写过 1 篇论文作者数的

$1/2^2 = 1/4$,写过 3 篇论文的作者数量大约是写过 1 篇论文作者数的 $1/3^2 = 1/9$,写过 4 篇论文的作者数量大约是写过 1 篇论文作者数的 $1/4^2 = 1/16$,写过 5 篇论文的作者数量大约是写过 1 篇论文作者数的 $1/5^2 = 1/25$……,写过 n 篇论文的作者数量大约是写过 1 篇论文作者数的 $1/n^2$。上述统计表明,《西安科技大学学报》2017—2021 年写过 1 篇论文的作者数占总数的 56.84%,大约是 60%,符合洛特卡定律。根据这一定律,可以统计某一专业、某一学科领域发表过 1 篇论文的作者数,可以计算出写过 2 篇、3 篇、4 篇、5 篇……n 篇文章的作者数,便于科技期刊编辑可以有的放矢地制订出版计划、制定组稿选题、制定约稿目标等方面的工作。

2. 布拉德福定律

布拉德福定律是由英国著名文献学家布拉德福于 1934 年率先提出的描述文献分散规律的文献计量学经验定律。布拉德福定律认为文献的分散是普遍的客观现象,一个学科的论文分散在其他学科的期刊上是屡见不鲜的,按照科学统一性原则,每一个学科都或多或少、或远或近地与其他任何一个学科相关联。布拉德福对科学文献进行大量的统计研究,掌握了文献分散的特点,发现了其中的某些规律性,并在文献统计的基础上经过数学推导,得出了与上述理论推导一致的结论,如布拉德福在《文献学》中写道:"如果将科技期刊按其刊载某学科专业论文的数量多少,以递减顺序排列,那么可以把期刊分为专门面对这个学科的核心区、相关区和非相关区。各个区的文章数量相等,此时核心区、相关区、非相关区期刊数量呈 $1:n:n^2$ 的关系。"英国的文献学家维克利创造性地提出了自己的修正和补充,认为布拉德福不只局限于划分为 3 个区,同样也可运用于多个区的情形。例如,统计某一学者团队 1982 年以来刊文 347 篇,发文 4 篇以上的刊物主要集中在 19 种以上,其中 59 篇集中在《西北大学学报(自然科学版)》上,刊文在 20 篇以上的集中在 4 种刊上,另外 4—20 篇集中在 15 种刊上,核心区、相关区、非相关区 3 个区的期刊数之比为 $1:4:15$,较接近于 $1:n:n^2$,即 $1:4:16$,符合布拉德福定律(表 2-1)。

表 2-1　某专家团队 1982 年以来刊文数统计

序　号	期刊名称	刊文数
1	西北大学学报(自然科学版)	59
2	古地理学报	24
3	地质通报	21
4	沉积学报	20
5	地质科学	20
6	石油与天然气地质	12
7	第十届全国古地理学及沉积学学术会议论文摘要集	11
8	地质科技情报	10
9	第九届全国古地理学及沉积学学术会议论文集	7
10	煤田地质与勘探	6
11	兰州大学学报(自然科学版)	6
12	沉积与特提斯地质	6
13	石油实验地质	5
14	内蒙古石油化工	5
15	西北地质	5
16	2015 年全国沉积学大会沉积学与非常规资源论文摘要集	5
17	地层学杂志	5
18	天然气工业	4
19	矿物岩石	4

根据布拉德福定律可知,《西安科技大学学报》组织约稿、确保尽快出版,积极宣传,稳固作者群体,以知名学者的声誉为标准组织文稿,有限加工,知名作者的论文容易受到广大读者的关注,传播速度快,也能在后期写作中被快速引用。

3. 齐普夫定律

齐普夫定律是美国哈佛大学教授 G.K.齐普夫对文献中单词出现的频次进行大量统计以检验前人的定量化公式而提出的。齐普夫指出文章中单词的频次(f)与其排列的序号(r)之间存在着一定的定量关系:"如果有一个包含 n 个词的文章,将这些词按其出现的频次递减排序,那么序号 r 和其出现频次 f 之积 fr,将近似地为一个常数,即 $fr=C$(为常数)(式中 $r=1,2,3\cdots$),即词频分布定律最普通、最典型的表达。"西蒙构建了一个概率模型,他认为,在文献中一词使用的次数越多,则再次使用的可能性越大,该模型与齐普夫定律相当接近。根据以上定律,分析了《西安科技大学学报》刊发的两篇文章中关键词的频次(f)与其排列的序号(r)之间存在的定量关系。

文献 1:《鄂尔多斯盆地中东部本溪组致密砂岩储层特征及有利层段优选》对鄂尔多斯盆地中东部本溪组厚层含气的致密砂岩储层特征及有利层段进行了研究,对于深化鄂尔多斯盆地中东部本溪组储层地质认识和有利勘探层段的选择具有重要的理论和指导意义。文章利用薄片鉴定、X 射线衍射、扫描电镜鉴定以及常规压汞、常规物性、核磁共振等多种岩石物理实验,开展储层岩石学、孔隙结构、物性、含气性特征研究,结合烃源岩品质以及储层可压性、气测曲线特征开展有利层段优选。研究表明,鄂尔多斯盆地中东部本溪组砂岩以石英砂岩和岩屑石英砂岩为主,储集空间以原生粒间孔和次生溶蚀孔为主;砂岩具有低孔、低渗、颗粒偏细等特点,邻近灰岩的上覆致密砂岩储层含水性增强。研究成果为鄂尔多斯盆地中东部本溪组致密砂岩气的规模勘探与效益开发提供地质依据。

该文中序号 $r=1$ 的单词"储层"频次为 135, $fr=135$;$r=2$ 的单词"本溪组"频次为 71, $fr=142$;$r=3$ 的单词"孔隙"频次为 48, $fr=144$;$r=4$ 的单词"致密砂岩"频次为 34, $fr=136$;$r=5$ 的单词"鄂尔多斯盆地"频次为 $f=28$, $fr=140\cdots\cdots$从以上列出的 5 个单词可知,fr 分布区间为 135~144,平均 $fr=139$,词频分布具有一定的规律性(表 2-2,图 2-1)。

表 2-2 文献 1 中单词频次与序号之间的定量关系

序　号	单　词	频　次	fr
1	储　层	135	135
2	本溪组	71	142
3	孔　隙	48	144
4	致密砂岩	34	136
5	鄂尔多斯盆地	28	140

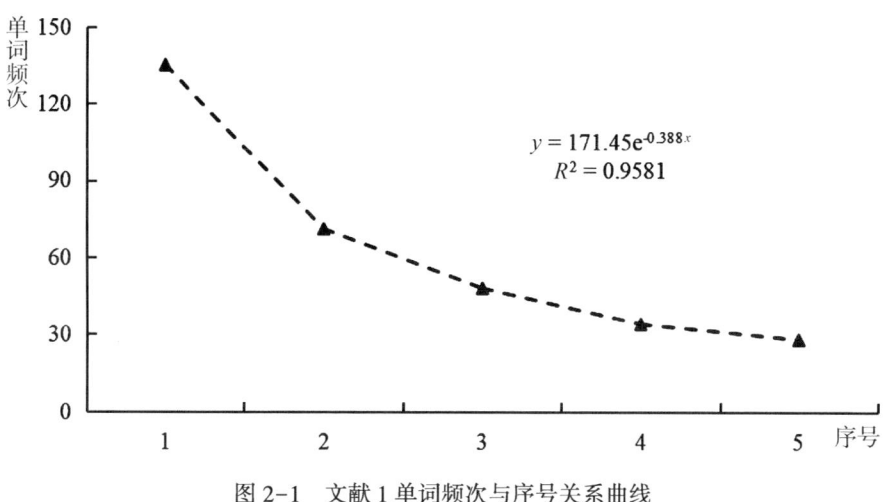

$$y = 171.45e^{-0.388x}$$
$$R^2 = 0.9581$$

图 2-1　文献 1 单词频次与序号关系曲线

文献 2:《大型黄土古滑坡蠕变特性模拟研究》主要研究黄土古滑坡蠕变效应下长期稳定性问题,以原状黄土剪切蠕变试验为基础,采用数值模拟方法分析削方卸载前后古滑坡体蠕变的位移场及塑性区分布特征,并将其与数值模拟结果进行对比。结果表明随剪应力增加原状黄土蠕变速率先减小后增大,先后经历衰减蠕变、等速蠕变及加速蠕变三个阶段,剪应力长期作用下黏聚力及内摩擦角下降蠕变效应明显。古滑坡表面及深部位移现场监测数据与数值模拟计算结果较为吻合,验证了蠕变实验及数值模拟结果的可靠性。

该文中序号 $r=1$ 的单词"数值模拟"频次为 35, $fr=35$；$r=2$ 的单词"黄土古滑坡"频次为 19, $fr=38$；$r=3$ 的单词"蠕变效应"频次为 13, $fr=39$；$r=4$ 的单词"长期稳定性"频次为 9, $fr=36$；$r=5$ 的单词"现场监测"频次 $f=7$, $fr=35$……从以上列出的 5 个单词, fr 分布区间为 35~39,平均 $fr=36$,词频分布具有一定的规律性(表 2-3,图 2-2)。

表 2-3　文献 2 中单词频次与序号之间的定量关系

序　号	单　词	频　次	fr
1	数值模拟	35	35
2	黄土古滑坡	19	38
3	蠕变效应	13	39
4	长期稳定性	9	36
5	现场监测	7	35

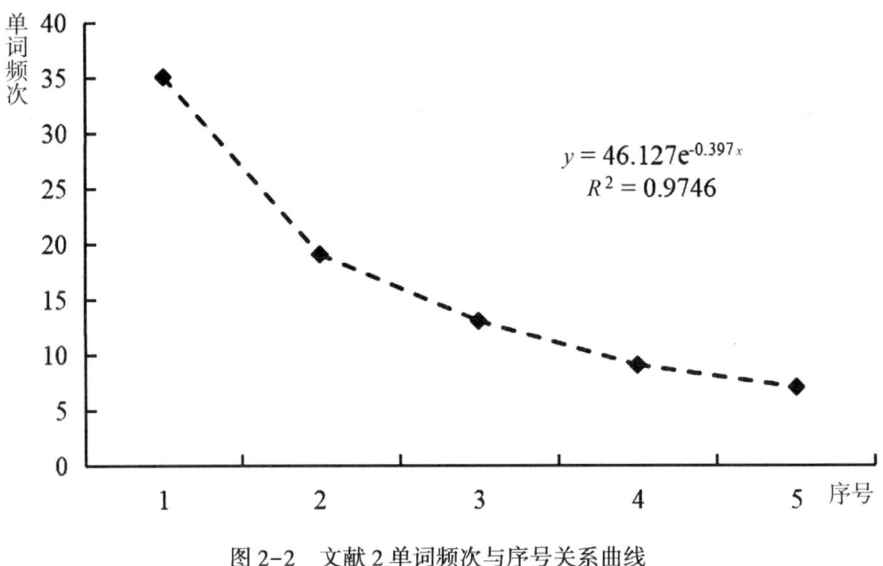

图 2-2 文献 2 单词频次与序号关系曲线

4.普赖斯定律

著名科学家与科学史学家普莱斯发现了科学文献指数增长规律,绘制了著名的普赖斯曲线,奠定了科学计量学的诞生,他也因此被称为"科学计量学之父"。普赖斯在科学文献方面的成就促成了文献计量领域的一场革命。

普赖斯在《小科学,大科学》中指出"在同一主题中,半数的论文为一群高生产能力作者所撰,这一作者集合的数量上约等于全部作者总数的平方根",且提出了"科学家的总人数,大致是按杰出科学家人数的平方增长的"。衡量各个学科领域文献作者分布规律,这就是著名的普赖斯定律,即平方根定律,核心观点是科学家总人数开平方,所得到的人数撰写了全部科学论文的 50%,计算公式为

$$\frac{1}{2}x(1,nmax) = x(m,nmax) = x(1,m)$$

式中,m 为普赖斯假定的一个数,即个人的论文数大于 m 的科学家们所发表的论文总数恰好等于全部论文总数的一半,式中 $x(m,nmax)$ 恰好为这一半论文。普赖斯根据洛特卡定律的计算公式为

$$m \approx 0.749(nmax \cdot \frac{1}{2})$$

　　说明发表 $0.749(n\max \cdot \frac{1}{2})$ 篇以上论文的科学家们所发表的论文总数等于全部论文总数的一半,也就是杰出科学家中最低产的那位科学家所发表的论文数,等于最高产科学家发表论文数的平方根的 0.749 倍。

　　普赖斯还计算出全体科学家总数中杰出科学家的比例关系,经过进一步推导,得出

$$R \approx \frac{0.812}{n\max} \cdot \frac{1}{2}$$

式中,R 是杰出科学家人数与全体科学家总数之比。这是普赖斯得出的洛特卡定律中的又一个重要推论。普赖斯定律和普赖斯指数是促进情报学发展的定律之一,情报学主要是根据实际的信息做出总结,是一门分析的艺术,而普赖斯定律是情报学分析的方法和参考标准,尤其是在文献作者的整理和数据的分析方面。

　　1971 年,普赖斯提出了一个衡量各个学科领域文献老化量度指标,即普赖斯指数,指在一个具体学科内把对年限不超过 5 年的引文数量与引文总数之比当作一个指标,用以量度文献的老化速度与程度。普赖斯指数越大,文献老化越快。普赖斯根据《科学引文索引》的分析,发现科技领域前沿的那些文献的平均年龄均不超过 5 年。普赖斯指数的计算公式为

$$普赖斯指数 = \frac{近五年的被引用的文献数量}{被引用的文献总量} \times 100\%$$

　　普赖斯认为,普赖斯指数要优于半衰期和引文中值年龄,即可用于某一领域的全部文献,也可用于评价某一期刊、某一机构、某一作者和某一篇文章。

　　例如,2015 年《西安科技大学学报》刊发的《冻融循环对结构性黄土构度指标影响研究》一文以综合结构势和构度概念为理论基础,对不同含水率黄土进行了不同冻融循环次数的无侧限抗压试验。试验表明,原状土样和重塑土样在含水率变大的过程中,单轴抗压强度均减小,且呈现出相同的变化趋势,原状土样的无侧限单轴抗压强度均高于同含水率重塑土的无侧限单轴抗压强度,有着明显的结构强度。黄土的无侧限抗压强度和构度随着含水率和冻融循环次数的增加而减小,主要原因是黄土的结构性被土中水和冻融循环综合作用破坏,研究可为季节性黄土地区隧道建设提供科学依据。该文自发表以来被引 26 次,从被引次数的年度变化(图 2-3)来看,该文在刊后第 2 年引用次数为 4,达到一个小高峰,被引次数高峰值出现在第 5 年,当年被引用数为 7 次,之后被引

次数急剧下降为 3 次、1 次、2 次,说明该文的半衰期为 5 年,与普赖斯指数相当。

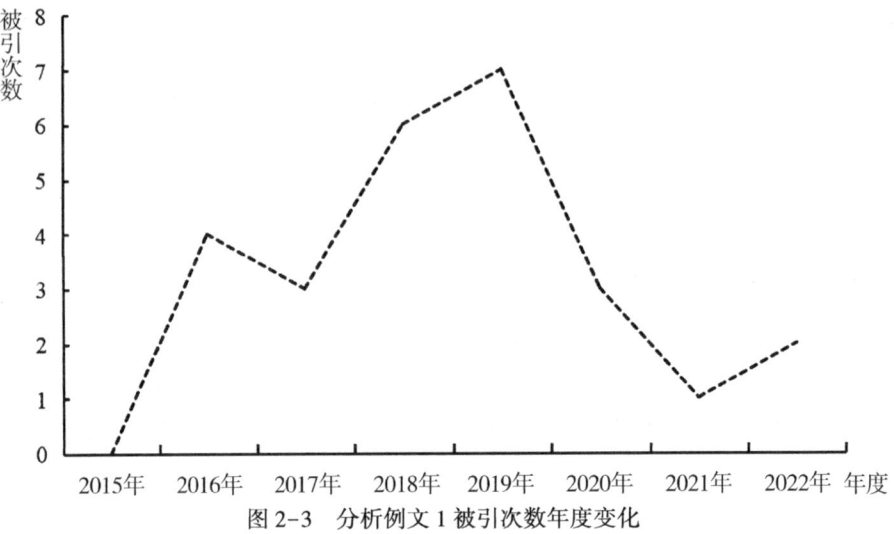

图 2-3　分析例文 1 被引次数年度变化

　　2015 年《西安科技大学学报》刊发的《泾河下游台塬区黄土滑坡类型与时空分布规律》一文以"泾河南岸泾阳段黄土滑坡调查评价"项目为依托,对区内滑坡的类型及分布情况进行了较为详细的野外调查。根据调查结果将黄土滑坡按诱发因素及运动特征划分为灌溉流滑型黄土滑坡、灌溉滑动型黄土滑坡、侵蚀滑动型黄土滑坡、侵蚀滑塌型黄土滑坡及开挖垮塌型黄土崩塌 5 个类型。在此基础上对黄土滑坡的时空分布规律进行了研究,区内黄土滑坡的时间分布特征表现为黄土滑坡日趋频繁和春季多发,空间特征表现为黄土滑坡多塬段群发和区域破坏模式差异,这些特征系人类工程活动与其他地质环境条件耦合作用的结果。灌溉诱发型黄土滑坡具有典型的多序次破坏特征,从一定程度上体现了滑坡在时间与空间上的相互关系。该文自发表以来被引 26 次,从被引次数的年度变化(图 2-4)看,该文在刊后第 2 年引用次数为 4,达到一个小高峰,被引次数高峰值出现在第 5 年,当年被引用数为 8 次,之后被引次数急剧下降为 3 次、0 次、2 次,说明该文的半衰期为 5 年,与普赖斯指数相当。

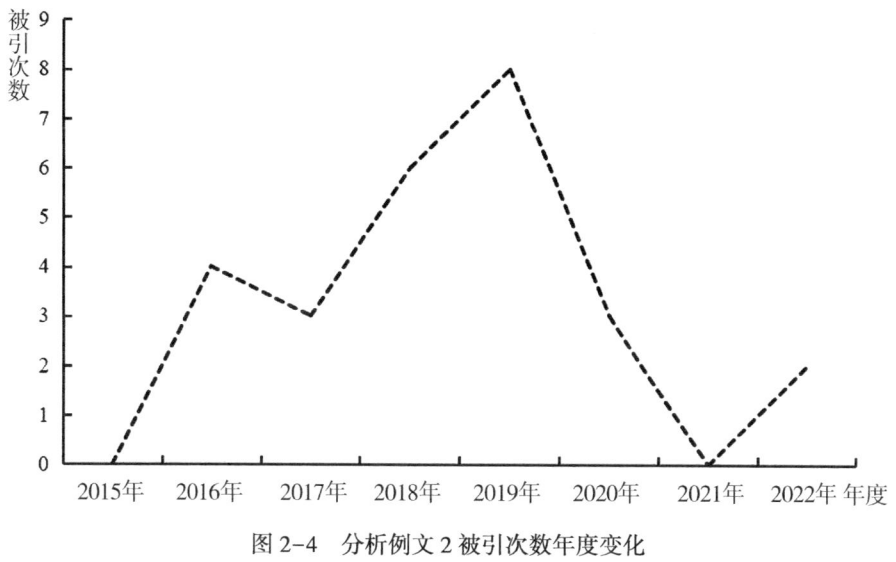

图 2-4　分析例文 2 被引次数年度变化

通过对上述 2 篇引文进行分析可以看出,文章刊出后在第 2 年出现第 1 个引用高峰,第 2 个高峰出现在第 5 年,之后锐减,说明该刊半衰期为 5 年。因此,研究期刊 5 年影响因子、他引 5 年影响因子对于分析期刊及论文就有很好的参考价值,5 年影响因子是某一期刊前 5 年发表的论文在统计当年的被某学科论文引用的总次数除以该期刊在前 5 年内发表的论文总数。从《西安科技大学学报》(2017—2021 年)5 年影响因子、他引 5 年影响因子中可以看出,5 年影响因子分别为 1.188、1.056、1.183、1.227、1.475,他引 5 年影响因子分别为 0.85、0.818、0.897、0.983、1.207,《西安科技大学学报》5 年影响因了、他引 5 年影响因子数据快速增长,至 2021 年取得了较为显著的成绩。

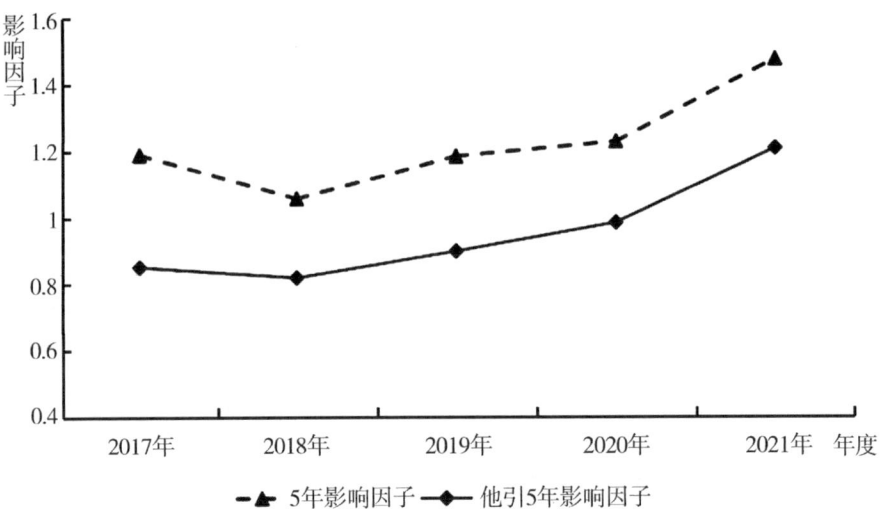

图 2-5 《西安科技大学学报》(2017—2021 年)5 年影响因子

5.加菲尔德定律

加菲尔德定律是 20 世纪 60 年代由美国《科学引文索引》主编尤金·加菲尔德提出的关于引文索引和引文技术的概念,该定律打破了分类法和主题法在检索方法中的垄断地位,开创了从引文角度来研究文献及科学发展动态的新领域。加菲尔德通过对一些综合性和专业性检索工具中所摘用的期刊数量及收录论文数量的研究指出:"一个学科文献的尾部,很大程度上是由其他学科文献的核心部分所组成,事实上学科之间交叉如此之大,以至于所有科学技术学科的核心文献仅有 1000 多种期刊,也可能少于 500 种。"加菲尔德定律旨在反映科技期刊中的科学论文的交叉程度,论文交叉的现象是严重的,以至数量上相对较少的期刊就集中包括了全部论文数量中的大部分。

影响因子是汤森路透出品的期刊引证报告中的一项数据,即某期刊前两年发表的论文在该报告年份中被引用总次数除以该期刊在这两年内发表的论文总数。影响因子现已成为国际上通用的期刊评价指标,它不仅是一种测度期刊有用性和显示度的指标,而且也是测度期刊的学术水平,乃至论文质量的重要指标。近年来,专家们从不同计量评价角度提出了复合影响因子、综合影响因子、基础研究类影响因子、技术研究类影响因子等一系列指标,为进一步反映期刊引证的客观性,还计算了各类他引影响因子,从而构成了多角度计量评价期刊的影响因子指标体系。其中,复合类指标统计源由期刊统计源、硕博学位论文统计源、会议论文统计源构成,综合类统计源是指期刊类统计源,既包括基础研究型、技术研究型、技术开发型、研究层次综合型期刊,又包括引证科技期刊的人文社会科学理论研究型、应用研究型、工作实践型期刊。

其中,复合影响因子是指某期刊前两年发表的可被引文献在统计年被复合统计源引用总次数与该期刊在前两年内发表的可被引文献总量之比。

复合他引影响因子是指某期刊前两年发表的可被引文献在统计年被该期刊之外的复合统计源引用总次数与该期刊在前两年内发表的可被引文献总量之比。

复合5年影响因子是指某期刊前五年发表的可被引文献在统计年被复合统计源引用总次数与该期刊在前五年内发表的可被引文献总量之比。

复合即年指标是指某期刊在统计年发表的可被引文献在统计年被复合统计源引用总次数与该期刊当年发表的可被引文献总量之比。

综合影响因子是指某期刊前两年发表的可被引文献在统计年被综合统计源引用总次数与该期刊在前两年内发表的可被引文献总量之比。

综合他引影响因子是指某期刊前两年发表的可被引文献在统计年被该期刊之外的综合统计源引用总次数与该期刊在前两年内发表的可被引文献总量之比。

综合5年影响因子是指某期刊前五年发表的可被引文献在统计年被综合统计源引用总次数与该期刊在前五年内发表的可被引文献总量之比。

综合即年指标是指某期刊在统计年发表的可被引文献在统计年被综合统计源引用总次数与该期刊当年发表的可被引文献总量之比。

以2021年为例,计算《西安科技大学学报》在该年的影响因子,计算过程如下:

$$IF2021 \text{年} = \frac{n(2019\text{年},2020\text{年})}{Y(2019\text{年},2020\text{年})}$$

其中,n 为以2021年为基点、《西安科技大学学报》于2019和2020年在2021年全部被引用之论文总次数,Y 为以2021年为基点、《西安科技大学学报》2019和2020年全部论文发文量的总和。

《西安科技大学学报》(2021年)复合即年指标、复合影响因子、复合他引影响因子、复合5年影响因子分别是0.266、1.616、1.271、1.475,综合即年指标、综合影响因子、综合他引影响因子、综合5年影响因子分别是0.259、1.246、

0.901、1.019(图2-6,表2-4)。

表2-4 《西安科技大学学报》(2021年)影响因子指标

指标类型	即年指标	影响因子	他引影响因子	5年影响因子
复合指标	0.266	1.616	1.271	1.475
综合指标	0.259	1.246	0.901	1.019

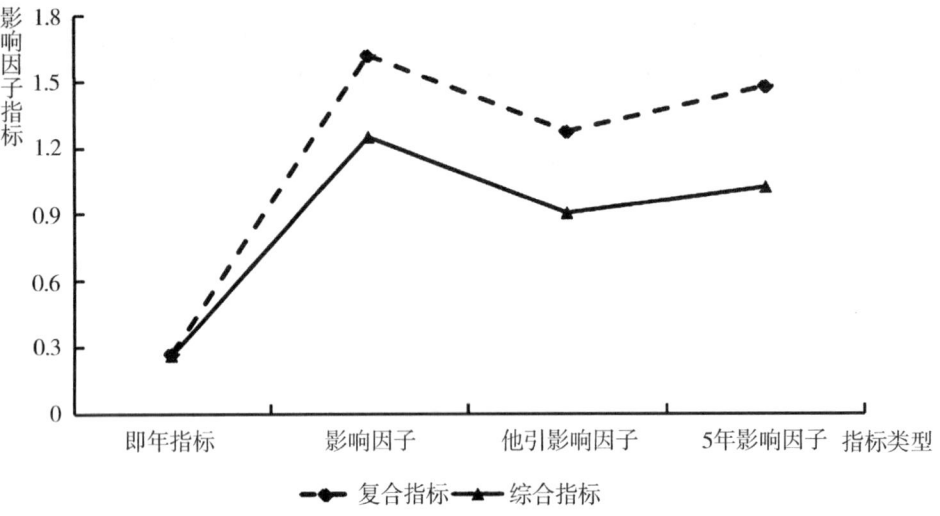

表2-6 《西安科技大学学报》(2021年)影响因子指标

第三章　科技期刊案例分析

　　大学期刊是学校学风、办学水平的综合体现,是学校对外进行学术交流的窗口。胡适说过:"办好一本大学期刊,不亚于办好一所大学,也许更为重要。"厦门大学校长王亚男说过:"看一所大学看三点,一是看教学,二是看图书馆,三是看学报。"学部委员钱伟长曾给《情报科研学报》题词:"学报既是科研的龙尾,又是科研的龙头。"本着促进学术交流,提升学校学术影响,不断提高办刊水平的宗旨,以《西安科技大学学报(自然科学版)》为例,针对期刊发展面临的挑战与应当采取的对策,开展比较分析研究,以期对期刊的发展提供参考。

　　《西安科技大学学报》是笔者目前担任执行主编的期刊。自 2011 年以来,笔者一直致力于本期刊的组稿、约稿及编辑工作,同时投身于加强期刊编辑规范的研究中。《西安科技大学学报》[原西安科技学院学报(1999—2004 年)、西安矿业学院学报(1981—1999 年)],1981 年 9 月创刊,以矿业、安全、地质类为特色,兼顾理工学科各门类的综合性学术期刊。《西安科技大学学报》坚持以习近平新时代中国特色社会主义思想为指导,面向国内外矿业领域及相关学科的科技工作者,开展学术交流,以"为繁荣煤炭科学事业培养人才,为中国经济建设服务"为办刊宗旨,主要刊载安全科学与工程、矿业工程、地质资源与地质工程、建筑与土木工程、测绘工程等专业领域内具有创新性的学术论文和科研成果。

　　《西安科技大学学报》是北大核心期刊、中信所科技核心期刊、中国煤炭领域高质量科技期刊 T2 级期刊、中国地学领域高质量科技期刊 T2 级期刊、中国岩土力学与工程地质领域高质量科技期刊 CT3 级期刊、中国核心学术期刊,曾获陕西省"三秦卓越科技期刊"。

一、评价指标

　　北大核心期刊遴选指标为不同类型和不同级别的图书馆采访与收藏中文

期刊提供参考依据,为不同专业和不同层次的读者选择阅读中文期刊提供参考依据。1989 年由北京大学图书馆等几十个北京高校图书馆利用分学科、多指标、定量和定性评价相结合的方法研究我国出版的全部中文期刊。

目前,已经出版了《中文核心期刊要目总览》1992 年版、1996 年版、2000 年版、2004 年版、2008 年版、2011 年版、2014 年版、2017 年版、2020 年版,共计 9 版。从 1992 年第一版采用载文量、被摘量、被引量 3 个评价指标,到 2020 年第九版采用被摘量、被引量、被摘率、影响因子、期刊他引量、获奖或被重要检索工具收录、基金论文比、Web 下载量、论文被引指数、互引指数、Web 下载率、特征因子、论文影响分值、5 年影响因子、5 年他引影响因子等评价指标,评价指标体系在逐年完善(表 3-1)。

表3-1 北大中文核心定量评价指标（据张俊娥，2011）

版次	评价指标													
	被索量	被摘量	被引量	被摘率	影响因子	期刊他引量	会议被引量	获奖或被重要索引工具收录	基金论文比	Web下载量	论文被引指数、互引指数	Web下载率	特征因子、论文影响分值	5年影响因子、5年他引影响因子
2020年版（第九版）		被摘量	被引量	被摘率	影响因子	期刊他引量		获奖或被重要索引工具收录	基金论文比	Web下载量	论文被引指数、互引指数	Web下载率	特征因子、论文影响分值	5年影响因子、5年他引影响因子
2017年版（第八版）		被摘量	被引量	被摘率	影响因子	期刊他引量	会议被引量	获奖或被重要索引工具收录	基金论文比	Web下载量	论文被引指数、互引指数	Web下载率	特征因子、论文影响分值	5年影响因子、5年他引影响因子
2014年版（第七版）	被索量	被摘量	被引量	被摘率	影响因子	期刊他引量	会议被引量	获奖或被重要索引工具收录	基金论文比	Web下载量	论文被引指数、互引指数			
2011年版（第六版）	被索量	被摘量	被引量	被摘率	影响因子	期刊他引量	会议被引量	获奖或被重要索引工具收录	基金论文比	Web下载量				

续表

版次	评价指标										
	载文量	被索量	被摘量	被引量	被摘率	影响因子	期刊引他量	会议被引量	获奖或被重要将索工具收录	基金论文比	Web下载量
2008年版（第五版）		被索量	被摘量	被引量	被摘率	影响因子	期刊引他量	会议被引量	获奖或被重要将索工具收录	基金论文比	Web下载量
2004年版（第四版）		被索量	被摘量	被引量	被摘率	影响因子	期刊引他量				
2000年版（第三版）	载文量	被索量	被摘量	被引量	被摘率	影响因子					
1996年版（第二版）	载文量	被索量	被摘量	被引量	被摘率	影响因子					
1992年版（第一版）	载文量	被索量	被摘量	被引量							

二、期刊评价

1.评价方法

以现状对比为研究基础,以指标对比分析为研究重点,以制定措施及提出建议为落脚点展开研究,按照"现状对比—指标分析—制定措施"的步骤形成报告的框架及思路(图3-1)。第一,比较分析我校学报办刊条件、学科设置等方面的指标,从而明确我校学报在办刊条件上的优势与劣势等主要问题;第二,通过比较分析,明确我校学报在高校教育科研学术主阵地发挥的作用;第三,通过对目前学报主要影响因子进行分析,比较分析我校与同类高校学报在竞争中的位置与发展态势,明确《西安科技大学学报(自然科学版)》发展的前景及存在问题;第四,通过核心期刊遴选指标、权重及检索数据库,明确分析我校学报引证指标的优劣情况及《西安科技大学学报(自然科学版)》发展面临的挑战;第五,在以上对比分析的基础上,对照《西安科技大学学报(自然科学版)》发展目标,提出《西安科技大学学报(自然科技版)》在发展中应采取的对策,并提出合理化建议。

鉴于以上思路,以《西安科技大学学报(自然科学版)》为例研究期刊发展问题,主要采用以下方法进行研究:第一,查阅文献法。结合实际走访调研,通过相关文献、学术期刊,查阅影响学术期刊的主要影响因子,并将其作为《西安科技大学学报(自然科学版)》与其他同类学报进行分类比较的主要依据。第二,对比分析法。无论是《西安科技大学学报(自然科学版)》纵向发展对比,还是与同类学报横向发展对比,均采用对比法。

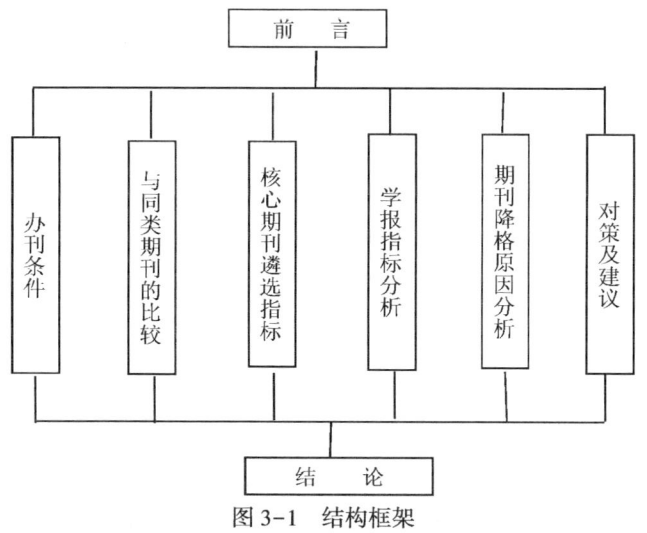

图3-1 结构框架

2.评价内容

2.1 载文情况

载文量是衡量学术类期刊吸收和传递信息能力的主要指标之一。《西安科技大学学报(自然科学版)》自 2017 至 2021 年的 5 年来载文量共计 760 篇,载文量由 2017 年的 175 篇降至 2021 年的 144 篇,近年来年载文量为 146 篇(表3-2,图 3-2)。

表 3-2 《西安科技大学学报(自然科学版)》(2017—2021 年)载文量

年　份	2017	2018	2019	2020	2021	合　计
载文量	175	148	150	143	144	760

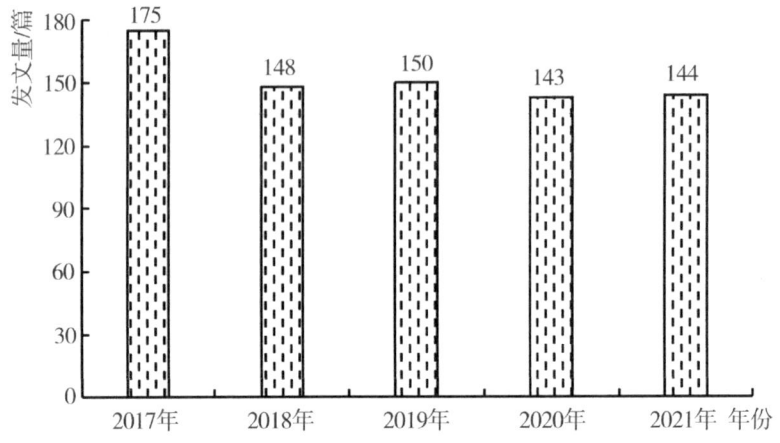

图 3-2 《西安科技大学学报(自然科学版)》(2017—2021 年)载文量

2.2 论文学科分布

科学论文量及其学科结构是文献计量学的重要指标,对论文学科分布的统计分析,在某种意义上可揭示各学科间的内在联系、学科结构的演变与发展历程、科研的产出率等,从而把握学科的研究布局、研究水平、研究重点及其发展趋势。《西安科技大学学报(自然科学版)》(2016—2021 年)6 年间发表的论文主要分布在 10 个学科领域,发文量前 3 位的学科是矿业工程、安全科学与灾害防治、地质学,这 3 个学科是西安科技大学的传统学科,都是具有博士后流动工作站的重点学科,其中矿业工程占 36.29%,安全科学与灾害防治占 18.31%,地质学占 11.73%(表3-3,图3-3)。

表3-3 《西安科技大学学报(自然科学版)》(2016—2021年)论文学科分布

排序	学科名称	发文篇数	排序	学科名称	发文篇数
1	矿业工程	331	6	自动化技术	58
2	安全科学与灾害防治	167	7	工业通用技术与设备	30
3	地质学	107	8	电力工业	27
4	建筑科学与工程	75	9	公路与水路运输	26
5	石油天然工业	71	10	工业经济	20

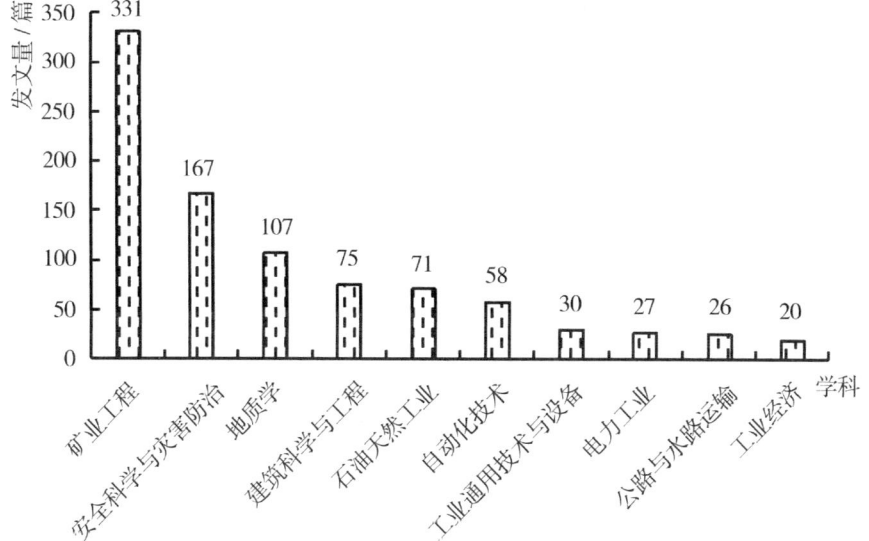

图3-3 《西安科技大学学报(自然科学版)》(2016—2021年)论文学科分布

2.3 基金项目

基金项目的级别能够在一定程度上反应论文研究成果的创新性及前瞻性。《西安科技大学学报(自然科学版)》刊发文章的有基金项目国家自然科学基金、陕西省自然科学基础研究计划、中国博士后科学基金、陕西省教育厅科学计划项目、国家重点基础研究发展规划项目、国家重点研发计划项目等(表3-4,图3-4)。

表 3-4 《西安科技大学学报(自然科学版)》(2017—2021 年)论文基金项目

排 序	基金类型	篇 数	排 序	基金类型	篇 数
1	国家自然科学基金	458	5	国家重点基础研究发展规划项目	26
2	陕西省自然科学基础研究计划	126	6	国家重点研发计划项目	21
3	中国博士后科学基金	65	7	其他	41
4	陕西省教育厅科学计划项目	52			

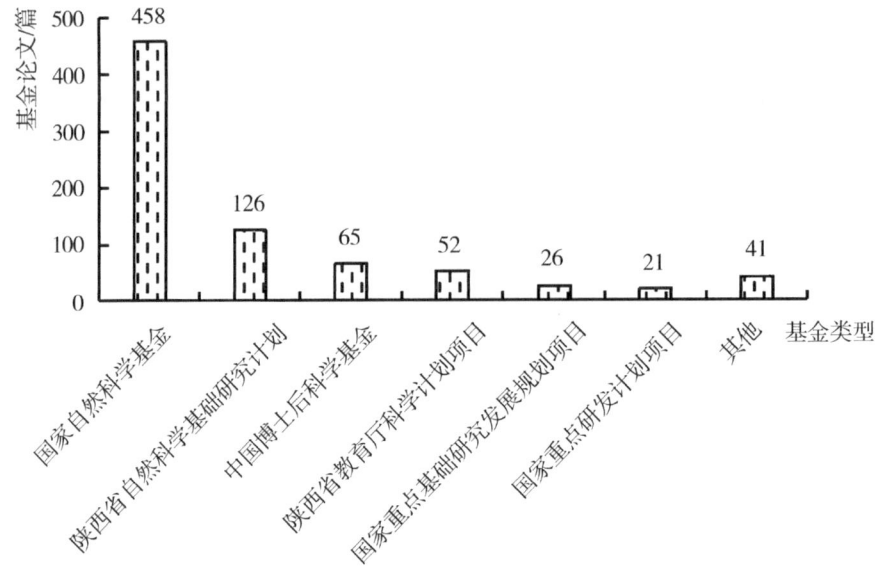

图 3-4 《西安科技大学学报(自然科学版)》(2017—2021 年)论文基金项目

2.4 研究层次

研究层次分为应用基础研究型、技术研究型、技术开发型、研究层次综合型等。应用基础研究型指发表基础与应用基础研究、同层次高级科普文献的重合率达 50% 以上;技术研究型指发表技术与工程学研究及同层次高级科普文献的重合率达 50% 以上;技术开发型指发表技术开发、工程设计层次文献重合率达 50% 以上;研究层次综合型为刊登上述各研究层次文献的比例差别不明显的期刊。根据科技期刊的研究层次确定《西安科技大学学报(自然科学版)》(2017—2021 年)以技术研究型和应用基础研究型为主,兼顾技术开发型、工程研究型、应用研究型等研究类型(图 3-5)。

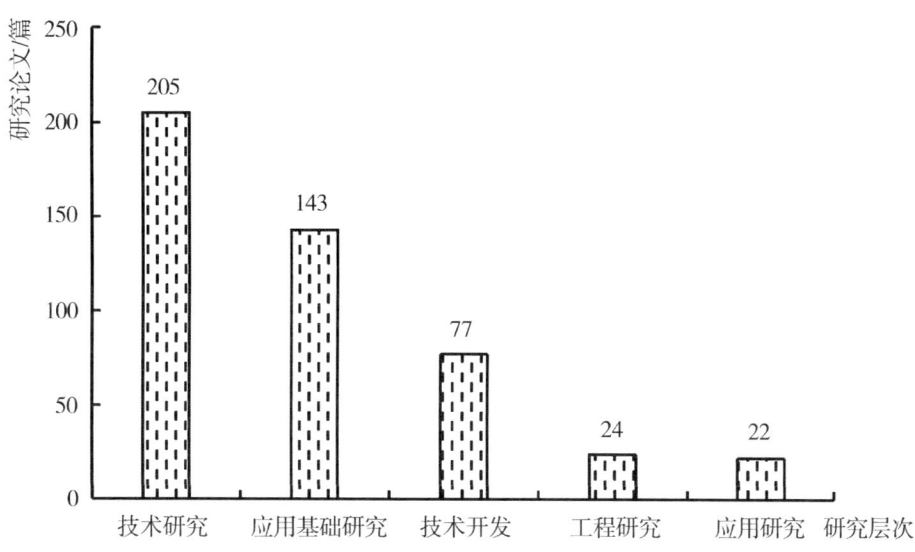

图 3-5 《西安科技大学学报(自然科学版)》(2017—2021 年)研究层次

2.5 主要主题

通常刊物的主题反映该期刊的办刊宗旨和特色。据近 5 年刊文统计,《西安科技大学学报(自然科学版)》刊文主题主要集中在数值模拟、孔隙结构、影响因素研究、演化规律、煤自燃、不安全行为、弹性模量、瓦斯浓度、浅埋煤层等方面(表 3-5,图 3-6),这与学校的地矿、安全办学特色紧密相关。

表 3-5 《西安科技人学学报(自然科学版)》(2017—2021 年)主要主题

排　序	基金类型	篇　数	排　序	基金类型	篇　数
1	数值模拟	27	6	不安全行为	7
2	孔隙结构	20	7	弹性模量	11
3	影响因素研究	9	8	瓦斯浓度	5
4	演化规律	8	9	浅埋煤层	4
5	煤自燃	10			

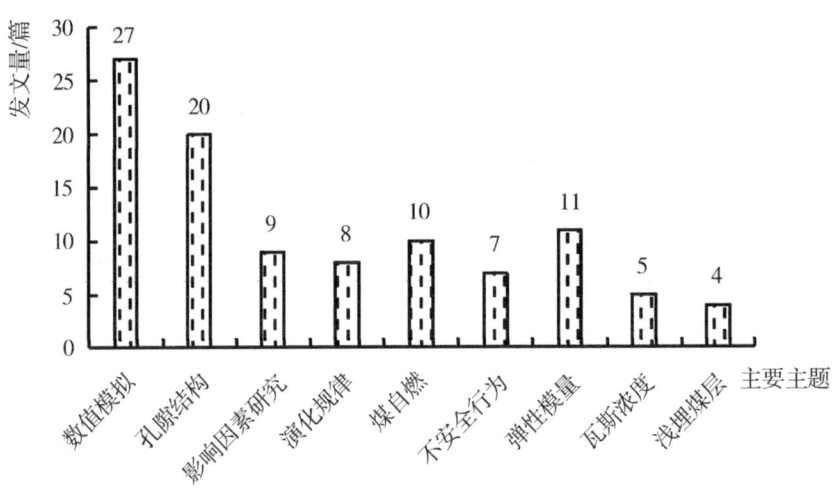

图 3-6 《西安科技大学学报(自然科学版)》(2017—2021 年)主要主题

2.6 作者分布

2017—2021 年《西安科技大学学报(自然科学版)》重点刊载本校地矿、安全类知名专家、教授的科研成果,此外,还刊载了校外科研院所的学术论文(图 3-7)。

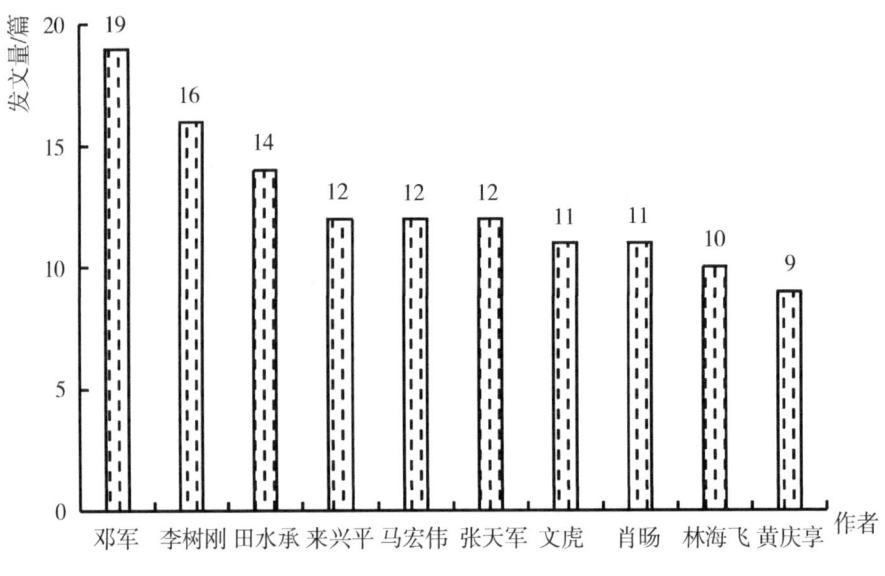

图 3-7 《西安科技大学学报(自然科学版)》(2017—2021 年)作者分析

3.指标分析

3.1 影响因子

影响因子是期刊在某年的影响因子,是指该年引证该刊前2年论文的总次数与前2年该刊所发表的论文总数之比。2017—2021年《西安科技大学学报(自然科学版)》影响因子分别为1.022、0.922、1.118、1.318、1.616,呈逐年明显上升趋势,增长率为58.12%(表3-6,图3-8)。

表3-6　《西安科技大学学报(自然科学版)》(2017—2021年)影响因子

年　份	即年指标	影响因子	他引影响因子	5年影响因子	他引5年影响因子	基金论文比
2017	0.197	1.022	0.559	1.188	0.85	0.78
2018	0.085	0.922	0.593	1.056	0.818	0.78
2019	0.107	1.118	0.953	1.183	0.897	0.86
2020	0.285	1.318	1	1.227	0.983	0.96
2021	0.266	1.616	1.271	1.475	1.207	0.92

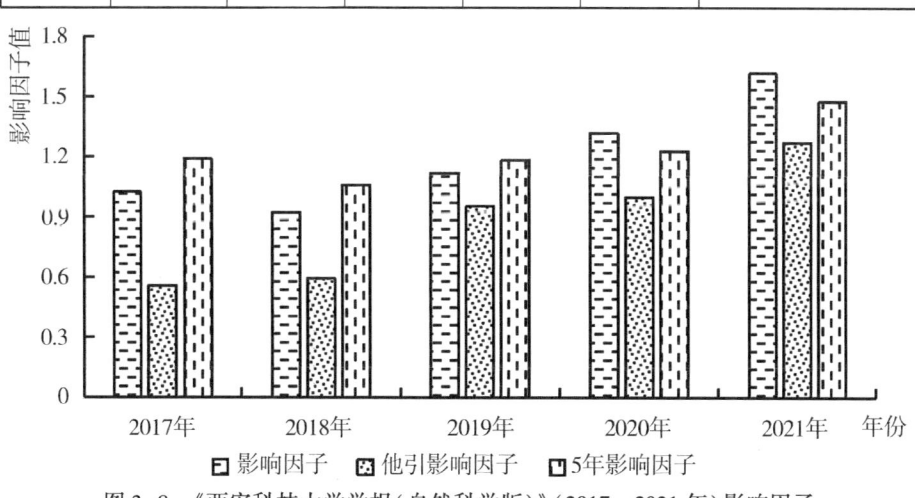

图3-8　《西安科技大学学报(自然科学版)》(2017—2021年)影响因子

3.2 他引影响因子

他引影响因子是指某期刊前两年发表的可被引文献在统计年被该期刊之外的统计源引用总次数与该期刊在前两年内发表的可被引文献总量之比。2017—

2021 年《西安科技大学学报(自然科学版)》他引影响因子分别为 0.559、0.593、0.953、1、1.271,呈逐年明显上升趋势,增长率为 127.37%(表 3-6,图 3-8)。

3.3 5 年影响因子

5 年影响因子是指某期刊前五年发表的可被引文献在统计年被统计源引用的总次数与该期刊在前五年内发表的可被引文献总量之比。2017—2021 年《西安科技大学学报(自然科学版)》这 5 年影响因子分别为 1.188、1.056、1.183、1.227、1.475,呈逐年明显上升趋势,增长率为 24.16%(表 3-6,图 3-8)。

3.4 即年指标

即年指标是指某期刊在统计年发表的可被引文献在统计年被统计源引用的总次数与该期刊当年发表的可被引文献总量之比,是一个表征期刊即时反应速率的指标,主要表述期刊发表的论文在当年被引用的情况,具体算法为

$$即年指标 = \frac{该期刊当年发表论文在当年被引用的总次数}{该期刊当年发表论文总数}$$

2017—2021 年《西安科技大学学报(自然科学版)》即年指标分别为 0.197、0.085、0.107、0.285、0.266,呈逐年明显上升趋势,增长率为 35.03%(表 3-6,图 3-9)。

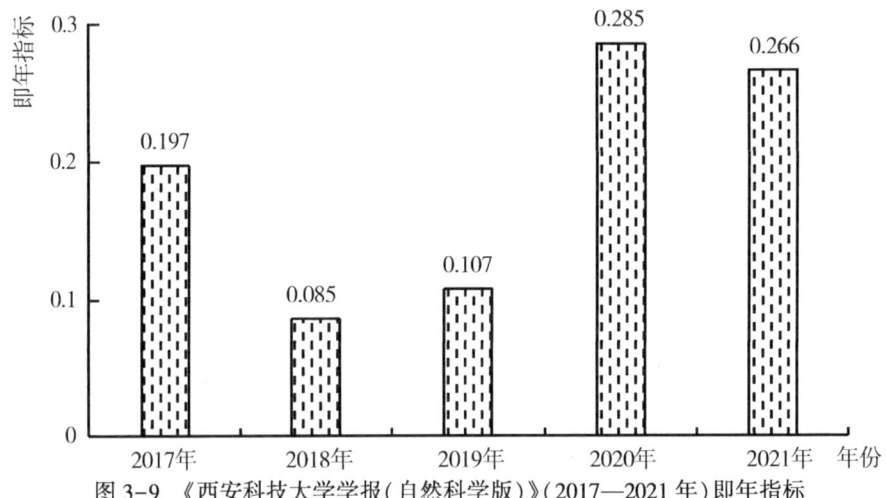

图 3-9 《西安科技大学学报(自然科学版)》(2017—2021 年)即年指标

3.5 基金论文比

基金论文比是某期刊在指定时间范围内发表的各类基金资助的论文占全部可被引文献的比例。2017—2021 年《西安科技大学学报(自然科学版)》基金

论文比分别为 0.78、0.78、0.86、0.96、0.92,呈逐年明显上升趋势,增长率为17.95%(表 3-6,图 3-10)。

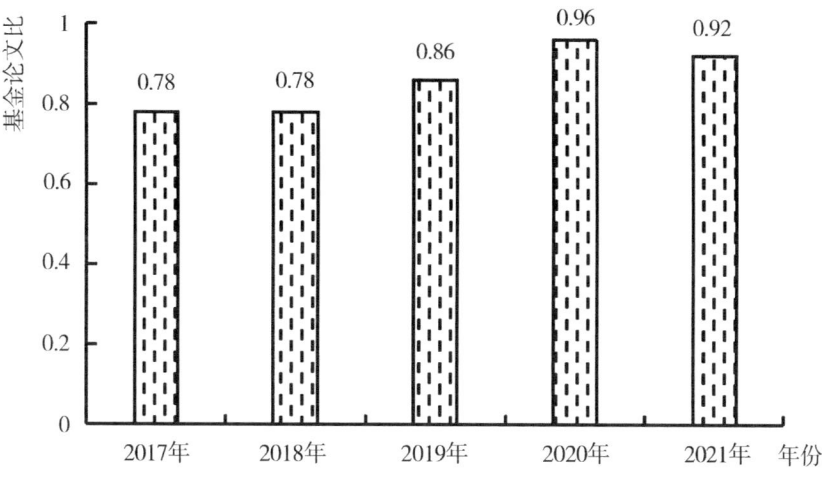

图 3-10 《学报(自然科学版)》(2017—2021 年)基金论文比

4.与省内外同类期刊对比

4.1 与省外同类期刊比较

选取辽宁工程技术大学、山东科技大学、河南理工大学、湖南科技大学、安徽理工大学 5 所煤炭高校学报与《西安科技大学学报(自然科学版)》进行特色栏目的比较,从特色栏目上看,均具有与煤炭资源相关的安全、矿业、地质特色(表 3-7)。

表 3-7 《西安科技大学学报(自然科学版)》与煤炭高校学报的特色栏目对比

西安科技大学学报	辽宁工程技术大学学报	山东科技大学学报	河南理工大学学报	湖南科技大学学报	安徽理工大学学报
安全科学与工程、矿业工程、地质资源与地质工程	矿业工程、地质与测绘工程、土木与力学工程	矿业工程、安全工程、地球科学	安全、矿业、地质、测绘	矿业、安全、地学、土木、建筑	矿业工程、地质工程

4.2 与省内同类期刊比较

选取西安理工大学、陕西科技大学、西安建筑科技大学、西安石油大学、西安工业大学等 5 所省内同类高校学报与《西安科技大学学报(自然科学版)》进行特色栏目对比(表 3-8)。

表 3-8 《西安科技大学学报(自然科学版)》与煤炭高校学报的特色栏目对比

西安科技大学学报	西安理工大学学报	陕西科技大学学报	西安建筑科技大学学报	西安石油大学学报	西安工业大学学报
安全科学与工程、矿业工程、地质资源与地质工程	材料、机械与精密仪器、电子电气、信息与控制、水利水电	轻工技术与工程、材料科学与工程、化学与化学工程	建筑科学与工程、土木工程、工程结构、抗震减灾、环境工程	石油地质与勘探、钻井工程、油气田开发与开采、油气加工与储运	光机电技术、材料科学、土木工程、数理科学、管理工程

5.办刊举措

《西安科技大学学报》1981 年 9 月创刊,创刊后随着学校的更名,学报随之更名。1981—1999 年更名为《西安矿业学院学报》,2000—2004 年更名为《西安科技学院学报》,2004 年 9 月更名为《西安科技大学学报》。

为使《西安科技大学学报》刊物定位更清晰、特色更明显,经过一系列研讨,制定了切实可行的措施及对策,《西安科技大学学报》各项指标取得了较好的成绩。

5.1 把握学术热点,提高刊物质量

积极与校内外专家学者沟通、交流,争取发表高水平、高质量文章,加强与科研院所、生产单位的联系,宣介期刊、扩大稿源,把握学术热点及最新研究动态,提高组稿质量和编校质量,从而提高期刊质量。例如,2020 年第五期"煤矿智能机器人"专题中,《煤矿巷道智能掘进机器人系统关键技术研究》《基于双目视觉的掘进机器人定位定向方法研究》《煤矿履带巡检机器人多体动力学建模及越障仿真》《煤矿智能掘进机器人数字孪生系统研究及应用》《基于 ELM 神经网络的采煤机截割载荷软测量建模方法》《基于 CARS 与 PCA 的高光谱煤岩特征信息检测方法》等文章短期内取得较大影响和较好效果。

例如,《矿井地面固定式液态 CO_2 防灭火工艺流程模拟》(2013 年第 6 期),《CO_2 对煤低温氧化反应过程的影响实验研究》(2014 年第 4 期),《液态 CO_2 防治采空区自燃应用工艺流程模拟》(2015 年第 2 期),《液态 CO_2 溶浸作用下煤

体孔隙结构损伤特性研究》(2017 年第 2 期),《煤矿采空区液态 CO_2 灌注防灭火关键参数研究》(2017 年第 5 期),《低透煤层 CO_2 相变致裂增透解吸技术的应用》(2018 年第 1 期),《松散煤体内 CO_2 渗流规律试验》(2018 年第 3 期),《低渗透性煤层井下低压液态 CO_2 促抽瓦斯工程实践》(2018 年第 4 期),《煤对 CO_2 的解吸实验及热力学参数研究》(2018 年第 5 期),《液态 CO_2 溶浸煤体孔裂隙演化特征的实验研究》(2020 年第 6 期),《CO_2 气爆含控制孔煤层裂隙演化颗粒流模拟》(2021 年第 2 期),《松散煤体内液 N_2/CO_2 注入过程的降温特性对比实验》(2021 年第 6 期),《静荷载下 CO_2 气爆对型煤裂纹扩展影响分析》(2022 年第 2 期),《液态 CO_2 溶浸作用对煤吸附特征的影响》(2022 年第 5 期),《煤矿采空区碳封存 CO_2 泄漏地表扩散规律研究》(2023 年第 4 期),从近 10 年来刊发的有关"CO_2"等双碳方面的文章体现了煤炭的专业特色;又如,《单轴冲击冻结砂岩损伤机理》(2021 年第 5 期),《循环荷载下互层岩样力学声学特征试验》(2021 年第 6 期),《静荷载下 CO_2 气爆对型煤裂纹扩展影响分析》(2022 年第 2 期),《花岗岩强荷载动应力平衡及破裂特征》《循环荷载作用下煤矸石混凝土损伤劣化机理》(2023 年第 2 期),《地震作用下岩石裂纹扩展角度研究》《荷载与干湿循环协同下红黏土的强度特性与裂隙演化规律》《循环荷载下黄土孔隙水压力与能量耗散演化》(2023 年第 5 期),这些刊文突出了"岩石力学"等学科的专业特色。从以上两个特色栏目刊文情况来看,《西安科技大学学报(自然科学版)》具有较强的专业性、学术性、特色性。

5.2 加强栏目建设,突出地矿特色

加强栏目建设,做到既突出安全科学与工程、矿业工程、地质资源与地质工程等特色栏目,又突出西安科技大学优势学科特色,同时依附岩土工程、机械工程、测绘工程等重点学科,努力打造特色栏目。注重特色办刊,努力彰显国家级重点学科安全科学与工程、矿业工程等优势学科优势及特色,继续推进重点学科。针对重大基金项目、热点研究内容、重要研究课题,突出安全科学与工程、矿业工程、地质资源与地质工程等重大科学成果与技术问题,特色栏目文章占全年发文量的 66.33%。

5.3 提高编校质量,提升业务水平

采用"走出去,请进来"的方法,提升编辑人员的业务水平。选派编辑人员

到《清华大学学报》《中国矿业大学学报》《煤炭学报》等编辑部进修学习,提升其业务素养,增强其编辑能力,从而提高编辑整体素质,加快高层次编辑的培养进程。努力减少和降低差错率,从而保障刊物编校质量不断提高。按照《报纸期刊质量管理规定》等具体要求,努力使编辑们做到从严校对、精准校对,确保编校内容的正确性、科学性及可读性。

5.4 完善编校系统,规范编辑流程

完善稿件处理流程,提高稿件处理效率。积极建设与完善网上投审稿系统,便于作者快捷投稿,便于审稿专家网上审稿,便于编辑快捷、高效地处理稿件,并及时与作者、审稿专家取得联系。增加了"稿件初审退稿制度""集体选定稿试行管理办法"。使用知网采编系统进行采编活动,所有来稿均采用采编系统处理,定期邀请线上或线下审定稿会专家和编委会成员进行审读,形成了"集体初审—同行专家外审—专家集体终审"的编辑流程。

5.5 优化编委结构,发挥编委作用

充分发挥编委会的作用,把关心、指导、支持学报发展的专家学者聘请到编委会,增加国外编委成员,把好学报学术质量关,发挥编委的学术影响力,为学报撰写或者推荐高水平文章。建立青年编委团队,青年编委是期刊核心竞争资源的潜力所在,为《西安科技大学学报》可持续发展注入了活力。

充分发挥编委的学术引领作用,邀约优质稿件,如主编伍永平教授团队近3年依托"大倾角煤层变角度综放工作面安全高效开采集成技术研究""大倾角硬顶软底软煤走向长壁综放开采技术""大倾角煤层走向长壁大采高综采技术研究"等基金项目,撰写了《大倾角近距离煤层开采覆岩运移及顶板破坏特征》《岩溶陷落柱围岩支承压力—渗流演化特征数值模拟》《煤矿井底煤仓内散体颗粒三维结构分析》《综采面支架工作阻力的 PCA-SVR 预测模型》《大倾角煤层长壁开采顶板结构时空演化特征》《大倾角煤层长壁综采顶板冒落形态与支架稳态控制》等6篇特色稿件;副主编李树刚教授团队近3年来依托"采动卸压瓦斯运移通道与储集区域联动演化机理及抽采关键技术""高瓦斯近距离煤层采空区瓦斯与煤火灾害协同防治""煤层高强开采瓦斯解吸运储机理及抽采技术研究与应用"等研究课题,撰写了《崔家沟煤矿采空区瓦斯抽采效果评价模型》《缓斜煤层拱形沿空巷道煤柱设计及控制》《大采高综采覆岩裂隙演化特征三维

实验研究》《煤层开采"固-气"耦合相似材料特性分析》《煤层群重复采动卸压瓦斯储运区演化规律实验研究》《吸附性类煤岩材料中超声波速影响因素及敏感性分析》《煤层复配润湿剂研制及降尘效果》等10余篇特色稿件;编委侯恩科教授团队近年来依托"中深埋煤层采动损害及水资源与生态环境保护技术研究""浅埋煤层开采顶板涌(突)水危险性分区预测研究""浅埋厚煤层群开采地表治理技术研究""浅埋煤层群开采地面塌陷规律及防治技术研究"等研究课题,撰写了《Bayes判别模型在风化基岩富水性预测中的应用》《沟谷区浅埋煤层覆岩破坏特征及地面裂缝发育规律》《柠条塔煤矿水化学特征及水源识别模型》《浅埋缓倾斜煤层开采覆岩及地表裂缝发育规律与形成机理》《大佛寺煤矿顶板涌水规律及影响因素》10余篇特色稿件。以上数据充分说明,充分发挥编委及其团队的学术作用和学术影响力,可以更好地吸纳优质稿件,提升期刊的学术水平与学术影响力。

5.6 完善制度建设,建立奖惩机制

建立健全编审管理制度与奖惩制度,完善考核、激励机制,鼓励中青年优秀编辑人员在业务上、管理上脱颖而出;建立并完善了"编委会职责""主编岗位职责""执行主编岗位职责""责任编辑职责""稿件初审退稿制度""集体选定稿试行管理办法""期刊审读工作制度"等一系列规章制度、规章制度的建立有利于编辑做精品期刊、优秀期刊,发挥编辑人员的智慧和创造性劳动,激发编辑人员的积极性、自觉性及工作热情。

5.7 加强对外交流,互相取长补短

加强与校内外有关部门及省内外期刊的交流,争取得到各部门和组织的指导和支持,学习先进管理经验,提升学校及学报影响力;加强国际稿件邀约,扩大论文国际传播力。通过知识服务、信息服务,达到推动中国西部煤炭事业发展、促进煤炭科学交流、培养煤炭科技人才的目的;积极组织和参加国际行业会议,从办刊宗旨、征稿范围、选稿原则等方面向参会代表进行期刊推介;积极参加相关机构组织的学术会议和业务培训,扩大编辑视野,借鉴兄弟院校及科研单位的期刊管理经验,相互学习、共同提高。

第四章　科技期刊论文撰写

科技期刊论文写作是在科研成果完成之后的总结,也是科技成果向社会推广和展示的一个环节。科研成果只是科技期刊论文写作的选题,是科技期刊论文写作的第一手资料。科技论文写作水平的高低,直接影响科技成果的发表、交流、推广与应用,质量高的科技文稿,容易被科技期刊采纳并发表,不规范的学术文稿不利于科研成果的推广。

一、科技期刊论文的主要特点

1.独创性

独创性是科研的灵魂,是科技期刊不懈追求的目标。学科前沿、学术热点是具有重大科学价值的研究成果,对某一问题的研究、某一论点的发展也属于创新性的范畴。科技期刊论文的写作不能等同于教科书、实验报告、工作总结,科技期刊论文应该有自己独有的研究成果,可以参照前人的研究成果、借鉴前人的实验操作或数学推导,但应对实验材料或者数据进行整理、归纳、提升,形成具有独创性的新结论,逐渐形成与他人不同的、具有创新性的科技期刊论文。

2.学术性

学术性是科技期刊论文最基本的特征,科技期刊论文应该具有学术价值。专家学者对自己得到的研究成果进行理论提升和分析总结,提出自己的科学见解,进行逻辑论证与分析说明。科技期刊论文的写作过程,就是实现资料认识上的提升和实践的理论化,一旦发表,便能将学术成果推广出去,使得科研成果不仅有自己的实用价值,更具有理论价值,科技期刊论文的传播就是论文学术性的传播。

3.规范性

规范性是科技期刊论文得以传播的保障。科技期刊论文发表的主要目的是科研成果的交流、传播与推介。因此,科技期刊论文的写作要有规范性,按照一定的规范进行写作。语句要简明扼要、结构层次要完整,语言论述要严谨。在题目拟定、摘要撰写、关键词语、前人进展、结构层次、图件绘制、图表设计、计量单位、文献著录等方面一定要符合《出版管理条例》《报纸期刊质量管理规定》《期刊出版管理规定》的要求。

二、科技期刊论文的分类

科技期刊论文是创新性科学研究成果的科学论述,具有理论性、实验性、观测性,记录的是新知识、新观点,是对未知的科学规律、已知的机理原理应用于实践中的最新研究进展、最新研究成果的归纳与总结,是运用概念、判断、推理等逻辑手段来分析表达自然科学的逻辑理论规律和技术开发研究成果的科学总结。

科技期刊论文的分类就像它的概念一样,有很多不同的分类方法。按论文内容发挥的作用,一般分为学术性论文、技术性论文、综述性论文等。

1.学术性论文

学术性论文是专家学者向科技期刊或学术会议提交的论文,主要以创新性、学术性科研成果的发表与传播为主要内容,主要为反映一定学科方向或交叉学科最新的、最前沿的科研进展或热点课题,推动了学术发展。学术性论文多为该学科领域的前沿性研究,往往用新方法进行研究,得出与前人不同的新观点,或者填补研究进展或研究成果的空白,具有较强的学术性(李兴昌,2016)。在实验基础上的科技期刊论文,重点放在研究上,运用可靠的实验数据,依据先进的理论依据、实验方案、测试手段及分析论证形成的学术性论文,也可以为新的假设形成的逻辑推理、定律法则形成的概念定义与定理推导提供依据。

2.技术性论文

技术性论文是指工程技术人员将技术研究创新成果向科技期刊或学术会议提交的论文,以解决实际问题的技术研究创新成果为主要内容,取得的研究性进展与研究成果可以解决工艺设计、工程技术、设备材料等方面的专业技术问题。技术性论文对技术进步和提高生产具有直接的推动作用,具有先进性、实用性和科学性的特点(李兴昌,2016)。技术性论文多为解决工程问题、技术问题等涉及的程序设计、过程模拟、模型建立、参数选择及程序编制等,对已有的理论进行完善、补充与提升。

3.综述性论文

综述性论文是指作者在阅读、归纳、总结本专业文献的基础上,综合分析、评价、论述本专业学科领域的研究新进展、发展新动态、未来新趋势,表明作者的理解和观点,做出合理的未来学科发展预测,提出自己的意见和建议。综述性论文对于学科发展的方向、理论深度的探讨、设计原理的研究、技术工艺的改进、科学研究的选题、学术创新的方向有着很强的指导作用。

三、科技期刊论文的结构组成

一篇科技期刊论文如何选题、如何撰写、如何编排,需要作者根据论文的研究内容、研究目的、研究方法,按照不同科技期刊对文稿的撰写规范、格式要求对文稿进行创造性的撰写,从而体现自己的写作风格及表达手法。

科技期刊论文的组成部分一般包括:题目、署名(作者单位)、摘要、关键词、引言、正文、结论和参考文献(图 4-1)。

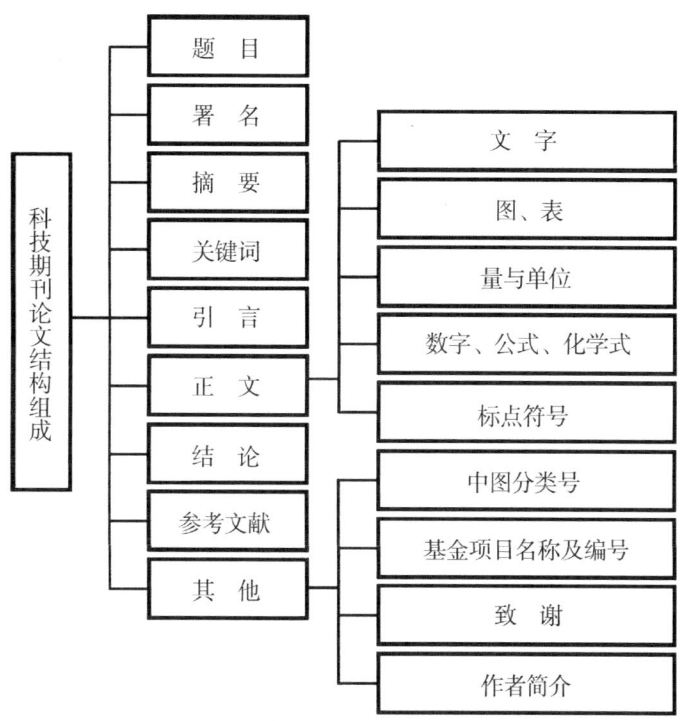

图4-1　科技期刊论文的组成部分

1.题目

科技期刊论文的题目是科技期刊论文主题和中心内容的高度概括,是全文核心内容最鲜明、最精练的概括,是反映论文最重要、最恰当、最简明的词组或词组组合,可以表达论文特定思想内容,反映研究的范围和深度。

(1)能高度反映论文主题和概括论文特定内容的恰当、简明的词语。

科技期刊论文题目多用短语或者句子,不用动宾结构,多用名词、名词性词组为中心的偏正词组。

例如:

《安徽巢湖下三叠统殷坑组瘤状灰岩成因研究》

《哈日凹陷巴音戈壁组碎屑岩储层及微观孔喉特征》

《多点位航拍下的野外露头高分辨率三维数字模型构建》

以上三个题目能较好地运用恰当、简明的词语,反映论文主题和概括论文内容,属于较好的科技期刊论文题目。

(2)不使用非公知公认的缩写词、字符、代号,或相邻专业不熟悉的缩略词、首字母缩写及字符、代号或公式等。

例如：

《基于多尺度 D-PPM-UNet 建筑物提取》

《地震相分析及储层反演技术在 WA 油田储层预测中的应用》

《基于 RAGA-PP 模型的煤炭主产区产业竞争力评价研究》

以上三个题目中"D-PPM-UNet""WA 油田""RAGA-PP 模型"等缩写词、字符、代号等只有作者或者同行专家熟悉，相邻专业不熟悉，而且也不利于文献检索。

(3)尽量不出现数学式和化学式，避免冠以"基于……"，缀以"……研究"。

例如：

《基于 PCA 变异系数和贝叶斯判别法的矿井水源识别》

《NaOH 碱激发煤矸石胶砂试块力学性能及微观结构的研究》

《基于局部稳定指数法的煤岩采动应力—裂隙发育规律研究》

《基于核磁测井的复杂砂砾岩储层分类方法研究》

以上四个题目中，《基于 PCA 变异系数和贝叶斯判别法的矿井水源识别》中"基于……""PCA"尽量避免，可以改为《×××地区矿井水源特征与识别》；《NaOH 碱激发煤矸石胶砂试块力学性能及微观结构的研究》中"NaOH""……的研究"尽量避免，可以改为《煤矸石胶砂试块力学性能及微观结构》；《基于局部稳定指数法的煤岩采动应力——裂隙发育规律研究》中"基于……""……的研究"尽量避免，可以改为《×××矿区煤岩采动应力——裂隙发育规律》；《基于核磁测井的复杂砂砾岩储层分类方法研究》中"基于……""……的研究"尽量避免，可以改为《×××地区复杂砂砾岩储层特征》或《×××地区复杂砂砾岩储层分类评价》。

(4)中文题目应简明扼要，一般不宜超过 20 个汉字。

科技期刊论文题目应简明扼要，特点鲜明，一般不宜超过 20 字，确保准确反映特定内容的前提下，题目尽量简洁、简明。可以删去多余的词语、同义词与近义词等，也可用更加凝练的词语概括题目。

例如：

《青藏高原东缘安宁河断裂带中——新生代构造变形及其磁组构特征》

《鄂尔多斯盆地靖边地区马家沟组中上组合天然气成因类型及气源分析》

《泰国呵叻盆地腹部二叠系碳酸盐岩台地前缘沉积特征及沉积模式》

以上三个题目中,《青藏高原东缘安宁河断裂带中——新生代构造变形及其磁组构特征》改为《安宁河断裂带中——新生代构造变形特征》,可以将"安宁河断裂带"标注在正文构造地质图中,由 28 个字减至 16 个字;《鄂尔多斯盆地靖边地区马家沟组中上组合天然气成因类型及气源分析》改为《靖边地区马家沟组中上组合天然气成藏主控因素》,可以将"鄂尔多斯盆地"删去,在正文构造地质图中明确标清研究区在鄂尔多斯盆地中的具体位置,"天然气成因类型及气源分析"均为分析天然气藏的主要控制因素,改为"成藏主控因素",由 30 个字改为 21 个字;《泰国呵叻盆地腹部二叠系碳酸盐岩台地前缘沉积特征与沉积模式》改为《泰国呵叻盆地二叠系碳酸盐岩台地前缘沉积模式》,可以删去"腹部","沉积特征与沉积模式"中沉积模式包含沉积特征研究的相关内容,由 28 个字减至 21 个字。

(5)英文题目尽量避免以"Study""Reseach"等开头。

科技期刊论文英文题目内容要与中文题目一致,但不必对词语进行一一对应,更不能按照中文顺序逐字翻译,尽量避免以"Study""Reseach"等开头,这样既符合英语惯例又使得文题更简洁。

例如:

"Study on mechanical properties and microstructure of coal gangue mortar blocks excited by NaOH Alkali"

"Study on wettability improvement of low-rank coal with surfactants"

"Research on Overburden Breaking Characteristics and Ground Crack Formation Mechanism of Shallow Coal Seam"

以上三个科技期刊论文题目,"Study on mechanical properties and microstructure of coal gangue mortar blocks excited by NaOH Alkali"可以改为"Mechanical properties and microstructure of coal gangue mortar blocks excited by NaOH Alkali";"Study on wettability improvement of low-rank coal with surfactants"可以改为"Wettability improvement of low-rank coal with surfactants";"Research on Overburden Breaking Characteristics and ground crack formation mechanism of shallow coal seam"可以改为"Overburden Breaking Characteristics and ground crack formation mechanism of shallow coal seam"。修改后,英文题目的表达更准确、简练、清晰,易于读者阅读。

2.署名

署名是指科技期刊论文中写明文章的作者姓名、工作单位及地址等信息。署名人员应为对论文研究工作做出主要贡献、参加论文撰写并对论文主要内容负责的作者,仅参加部分工作或某一项实验任务以及受委托进行分析化验等辅助工作的人员,不应署名,但可将他们及其工作内容列入"致谢"部分。

《中华人民共和国著作权法》规定著作权属于作者。著作权包括署名权,即表明作者身份、在作品上署名的权利。署名表示作者对该文章拥有了著作权,任何单位和个人不得侵犯,同时也有了责任,论文一经发表就要对该文负有政治上、学术上的责任。

一般情况下,科技期刊论文将署名置于题目下方,作者单位写全称,同时注明二级单位、工作单位地址(包括所在城市、邮政编码)等。

3.摘要

《文摘编写规范》指出,摘要是以提供文摘内容梗概为目的,不加评论和补充解释,简明、准确地记述文献重要内容的短文。科技期刊论文摘要的主要目的是让读者了解文章的主要内容,读者是否需要仔细阅读文章,首先从题目、关键词进行判断,更重要的是从摘要进行甄别。

目前,科技期刊论文的摘要大多采用结构式摘要,用"目的""方法""结果""结论"将摘要的四要素清晰明确地表述出来,其中"目的"主要写清研究的目的及意义;"方法"主要为研究的理论原理、材料工艺、结构程序及新理论、新方法等;"结果"为研究内容得出的结果、数据及相互关系等;"结论"是对结果的分析综合、比较评价及假设、展望等。以下例子比较符合这一要求:

川南煤田古叙矿区龙潭组煤层受热—生烃史及气体成因

摘要:(A)为明确川南煤田古叙矿区龙潭组煤层成熟演化过程及气体成因类型,(B)运用 Petromod 1D 模拟软件,结合地层分布、煤层埋深、泥岩声波时差、包裹体均一温度、气体稳定碳同位素组成测试等数据,对 C_{17} 号煤层的埋藏史、受热史和有机质成熟生烃史进行重建。(C)自晚二叠世沉积以来,地层经历了不同程度的剥蚀,即下三叠统嘉陵江组的剥蚀厚度约为39m、上侏罗统与上覆地层的剥蚀厚度约为314m,下白垩统与上覆地层的剥蚀厚度约为2600m、下古新统与上覆地层的剥蚀厚度约为1681m;龙潭组 C_{17} 号煤层自晚二叠世沉积以来,主要经历了三次"沉降—抬升"过程,最大埋深为晚白垩世末期的 5101m,遭受最高受热温度为早白垩世末的 234℃,现今温度为 47℃,煤有机质成熟生烃过程分为未成熟、成熟生油、高成熟生湿气、过成熟生干气和生烃枯竭 5 个阶段。(D)煤层气为一期成藏且发生散失时间为中侏罗世,富集时间为早白垩世。现今龙潭组 C_{17} 号煤层中赋存气体成因类型为热成因气。

用三百多字表述了研究的目的(A)、方法(B)、结果(C)与结论(D),无需浏览正文,就可以知道文章的重点及创新点。整个摘要没有出现"本文的目的是……""运用的方法是……""结果是……""结论是……"等字样,自然而然地把目的、方法、结果与结论交代得清清楚楚。因此,一篇好的科技期刊论文摘要,特别是方法、结果与结论部分宜详写,以便于能第一时间吸引读者的眼球。

科技期刊编辑摘要不用第一人称作主语,宜用第三人称作主语,摘要中"我们""笔者""本文"等做主语的句子,会弱化研究内容表述的客观性。例如:

[例1]

煤矿输煤栈桥抗振性能及动力响应

摘要:钢桁架输煤栈桥在工业领域的应用十分广泛,并起到重要的运输作用。为研究其动力特性,建立输煤栈桥的有限元模型,计算了栈桥的振动频率、模态,分析了栈桥在空载和负载工况下,结构位移和加速度响应及频域,并与工程现场实测值进行比较分析。结果表明:栈桥结构自振频率为 3.76Hz;空载及负载工作条件下的竖向位移分别为 0.048mm 和 0.368mm,竖向加速度分别为 0.112m/s² 和 0.322m/s²,相差较大,负载时结构响应更大。在类似结构设计时,应充分考虑动态响应问题;频域分析中有三个明显的共振区,第一共振区(2.5Hz~4.3Hz)、第二共振区(8.5Hz~9.9Hz)和第三共振区(11.1Hz~12.3Hz),特别是第一共振区在频率为 3.4Hz 时易出现共振,设计时应予以重视。最后,对计算值和实测值进行对比,结果显示偏差较小,表明本文计算分析模型是正确的。

[例2]

陕北富县地区晚三叠世包裹体特征及烃源充注期次

摘要:鄂尔多斯盆地黄家岭地区长 8 油藏生储盖条件完备,存在较好的开发潜能,为了确定该区油藏的成藏期次,本文将通过研究流体包裹体发育的镜下特征并测定包裹体的均一温度,结合区块热演化史、烃源岩生烃史、K-Ar 测年等数据,确定长 8 油层组的成藏期次,并分析其成藏模式。研究区发育两期油气包裹体,第一期主要分布于石英碎屑颗粒次生加大边或石英碎屑颗粒的微裂隙中、第二期主要分布于晚期方解石胶结物中，其中第一期包裹体均一温度为80℃~85℃，对应油气充注时期为134Ma~128Ma，处于早白垩世中期、第二期包裹体均一温度为90℃~95℃，对应油气充注时期为128Ma~121Ma，处于早白垩世晚期，两期充注时间临近，判断研究区长8油藏是连续充注，一幕两期式成藏，成藏时期为早白垩世中期至晚期(134Ma~121Ma)，为多源多储的近源复合成藏模式。

例1中"表明本文……"从语法和逻辑上看似没有问题，但根据《文摘编写规则》，"本文"应该删去，删去后读者在阅读时不会产生歧义；例2中"本文将通过研究……"用"本文"做主语显得逻辑不通，因为"研究……"是文章的作者，不是文章，搭配不对应，从语法和逻辑上看似没有问题，但根据《文摘编写规则》，"本文"应该删去，删去后读者在阅读时不会产生歧义。

科技期刊论文摘要要精练、明确、规范，要突出研究的创新性和论文的亮点，避免出现图、表、数学公式和化学结构式。

[例3]

鄂尔多斯盆地靖边地区奥陶系马家沟组中上组合天然气成因类型及气源分析

摘要：鄂尔多斯盆地靖边地区奥陶系马家沟组中上组合近年来相继取得重要油气发现，指示该地区下古生界存在丰富的天然气资源，是深层油气勘探的重要层位。本文通过分析延长石油新钻井的古生界天然气组分、碳氢同位素以及流体包裹体等测试手段，分析了研究区马家沟组中上组合天然气的组分、成因和分布特点，结合研究区构造热演化历史，探讨天然气可能的主要来源。结果表明，研究区马家沟组中上组合天然气自上而下总烃和重烃含量逐渐降低，非烃含量(CO_2、H_2S)和干燥系数逐渐增加。烷烃碳同位素组成呈现轻微的部分倒转，δC_{CH_4}分布在-35.29‰~-34.15‰，$\delta C_{C_2H_6}$分布在-35.44‰~-33.46‰，$\delta C_{C_3H_8}$分布在-32.58‰~-30.22‰。马家沟组中上组合天然气整体上表现为油型气与煤成气混源的特征，且向下内幕气源岩的贡献不断增大。流体包裹体分析表明研究区马家沟组中上组合主要存在三期天然气充注，主力充注期对应的烃源岩成熟度Ro在1.0%~1.3%，指示上古生界煤成气为主要来源，下古生界油型气也具有一定贡献。

[例4]

钛酸铜钙陶瓷的电子结构研究与铷掺杂优化

摘要：为了研究钛酸铜钙的电子结构及其变化对介电性能的影响规律，采用第一性原理基于密度泛函理论计算了钛酸铜钙陶瓷的电子结构与光学介电函数，并通过溶胶—凝胶法制备了稀土铈掺杂改性的钛酸铜钙陶瓷。系统研究了掺杂不同量铈对陶瓷晶体结构、微观形貌特征以及介电性能的影响。结果表明：钛酸铜钙中 Cu-O 和 Ti-O 之间存在强烈的共价键，形成了 CuO_4 正方形结构和 TiO_6 八面体结构。CuO_4 正方形结构决定了钛酸铜钙的价带，TiO_6 八面体结构决定了其导带。钛酸铜钙的静态介电常数为 5.30，并在光子能量为 2.45 eV 处达到最大峰值。钛酸铜钙的能量损失峰在 10 eV 附近，与等离子体振荡有关。X 射线衍射分析表明所有样品均为体心立方结构，扫描电镜分析表明铈的掺杂能够抑制陶瓷晶粒长大，并使得晶粒均匀化。室温频谱表明掺杂后样品介电常数有所降低，但仍为巨介电陶瓷，同时介电损耗在 10^4 Hz ~ 10^5 Hz 处达到最小值 0.0014；介电温谱表明铈掺杂能够提高陶瓷的温度稳定性并降低损耗，在 75℃ ~ 200℃ 下的损耗均低于 0.05。结合第一性原理计算与实验数据研究发现，铈掺杂使得价带顶的峰值更加扩展，带隙增大，陶瓷的绝缘性增强，介电损耗变小，介电性能优化。

例 3 中的"δC_{CH_4}""$\delta C_{C_2H_6}$""$\delta C_{C_3H_8}$"，例 4 中的"Cu-O""Ti-O""CuO_4""TiO_6"均为化学结构式，且在文中首次出现，交代不清，指代不明，易引起读者歧义，宜写出表达式的中文意思。

科技期刊论文摘要要客观反映文章内容，避免自我评价语句，如"研究达到了国际先进水平""起到了指导性作用""有巨大的经济效益和社会效益"，以及"拥有广阔的前景"等自评性语句应避免出现。

［例5］

青龙寺煤矿 5^{-2} 煤层顶板含水层突水危险性评价

摘要：为评价青龙寺煤矿 5^{-2} 煤层顶板含水层突水危险性，保证矿井的安全生产，利用地理信息系统（GIS）对影响煤层顶板直接充水含水层富水性的 5 个主控因素进行了分析，通过层次分析法（AHP），计算出各主控因素的权重值，构建了含水层富水性分区图；通过对导水裂隙带发育高度的计算，然后与 5^{-2} 煤层顶板隔水岩段加以比较，建立了顶板冒裂安全性分区图；通过叠加含水层富水性分区图与顶板冒裂安全性分区图，建立了煤层顶板直接充水含水层突水危险性综合分区图。研究结果表明：在矿区西北、东北部和西南局部富水性较弱，东南部富水性较强；而顶板冒裂安全性在矿区中部和西南部处于冒裂非安全严重区，其他区域为冒裂非安全一般区。青龙寺煤矿 5^{-2} 煤层顶板含水层突水危险性为:在矿区西北、东北和中部地区主要为相对安全区和较安全区,5^{-2}煤层顶板含水层突水危险性较弱;在矿区西南和东南部地区主要为较危险区和危险区,5^{-2}煤层顶板含水层突水危险性较强,从而对即将进行生产的 5-20102 和 5-20104 工作面煤层顶板水害防治方案的制定提供了科学依据。

[例6]

大跨矿山法隧道长距离下穿高压燃气管技术

摘要:地铁隧道穿越重大地下管线已成为地铁工程中重要的技术问题,依托青岛地铁 8 号线河套停车场出入线区间长距离穿越 DN630 高压燃气管的案例,由于场线隧道断面大、埋深浅,所处地层节理裂隙密集发育、稳定性差,普通施工方法必然会造成较大的燃气管沉降;同时高压燃气管对爆破振动较为敏感,如何控制爆破振速是设计难点。通过数值模拟与现场实测相结合的方法,借助大型岩土有限元分析软件 Midas NX,对大跨隧道穿越燃气管进行数值模拟;同时对现有燃气管线进行监测,获得沉降及爆破振速变化曲线。经综合分析与对比后得出:管线沉降限值 8mm 及爆破振速限值 0.5cm/s 可保证高压燃气管的安全;采用无工作室大管棚技术并辅助其他工法优化措施可有效地控制管线沉降;采用减振孔减振技术,同时洞内尝试大直径中空孔直眼掏槽、导洞法、周边眼加密等措施可有效地控制爆破振速。研究成果对指导类似矿山法隧道穿越重大管线及重要建构筑物的设计具有重要的参考价值。

[例7]

泾阳 Q_2 黄土剪切带微观结构研究

摘要:基于自主研发的分离式环刀纯剪切仪,结合扫描电镜开展了 47.5um 剪切位移下黄土剪切带的多尺度(微米级到毫米级)结构的微观表征。结果表明:在仅施加 47.5um 位移下,剪切缝已完全贯穿,最大缝宽 155.95um,最小缝宽 11.5um;剪切缝中矿物颗粒脱离原来的位置,但在剪切缝两侧颗粒的矿物属性无法对应;剪切缝中有团聚体形成骨架支撑的现象,显示剪切缝在形成过程中不仅仅存着滑动摩擦,还存在着颗粒的滚动摩擦。颗粒的滚动摩擦现象为解释滑坡,如远程高速滑坡的滑动机制提供了新思路。

例 5 中"……提供了科学依据",例 6 中"……具有重要的参考价值",例 7 中"……提供了新思路",进行了自我评价,缺乏了客观性,科技期刊论文摘要中的自评性语句应避免出现。

科技期刊论文摘要一般不用交代研究背景,也不包括对一般知识的叙述。

因此,摘要中经常存在的问题包括摘要与前言混淆,摘要写成内容提要,摘要中出现了评论语句等。

［例8］

建筑立面影响下的陕南乡村新民居热环境分析及优化策略

摘要:在我国乡村民居的建设中,由于气候的差异性,不同地域的民居表现出不同的建造特征,其中建筑立面是有效回应气候的重要组成部分,是改善乡村的人居环境,提高乡村民居室内热舒适至关重要的设计。通过调研测试发现陕南民居冬季室内热环境远达不到国家对该地区的热舒适要求。以江安村为例,为了提高陕南民居冬季热舒适并兼顾经济性,通过分析民居立面构成特点,发现立面各部分构造的传热系数与规范要求的传热系数相差较远,从而导致民居室内热环境不适宜。结果表明:通过改善民居立面的构造形式,加强构造做法能有效改善室内热环境。根据建筑立面的面积大小权重排序为:墙体>屋面>窗户>门,最后从建筑立面的角度出发,从朝向、屋顶、墙体,以及门窗的细部构造做法来指导改善陕南民居室内热环境,从而提升人居环境。

例8中"在我国乡村民居的建设中,由于气候的差异性,不同地域的民居表现出不同的建造特征,其中建筑立面是有效回应气候的重要组成部分,是改善乡村的人居环境,提高乡村民居室内热舒适至关重要的设计",摘要内容与前言混淆,这部分内容应放入前言中,反映前人的研究进展。

［例9］

鄂尔多斯盆地北部沉积地质条件对矿井冲击地压的影响研究

摘要:鄂尔多斯盆地北部的中深部矿井已经形成大规模开发格局,冲击地压问题也已凸显,并且成为制约该区域煤矿安全开采的关键因素。为了明确该区域地质条件对矿井冲击地压的影响程度,并为冲击地压科学防治提供依据,通过分析盆地北部中深部煤层覆岩沉积相特征及砂体展布规律,确定关键砂层分布特征,结合中深部侏罗系矿井微震事件分析,探究冲击地压与沉积地质条件之间的关联性。结果表明:微震能量事件主要发育在河道沉积区域,主砂体厚度和岩心采取率的变化与微震能量事件基本呈现正相关性,主砂体与煤层的间距和微震能量事件呈现负相关性。认为盆地北部中深部矿井冲击地压受沉积地质条件控制,并指出直罗组底部沉积的"七里镇砂岩"是矿井冲击地压防治预裂措施应重点考虑的层位。

例9中"微震能量事件主要发育在河道沉积区域,主砂体厚度和岩心采取率的变化与微震能量事件基本呈现正相关性,主砂体与煤层的间距和微震能量事件呈现负相关性",将摘要写成了内容提要,应将此部分内容调至正文部分。

[例10]

"山西式"氦气成藏模式及其意义

摘要:氦气是重要的稀有战略资源,目前认为氦源岩主要与酸性岩(花岗岩)相关,但在岩体不发育的晋中盆地发现了高体积分数氦气显示。为了认识晋中盆地氦气富集模式,通过文献调研和综合研究,发现石炭系本溪组铝土岩系的铀、钍含量高,生氦能力好,是优质氦源岩,铝土岩系之上的上古生界煤系地层是良好的烃源岩,可为氦气富集提供载体气。铝土岩系及其下伏奥陶系碳酸盐岩风化带裂隙发育,是天然气良好储集层,铝土岩系之上的煤系地层是其封盖层。晋中盆地周缘断裂发育,形成多级断阶构造,向盆地内断块逐级下降,使盆内烃源岩生成的天然气沿断裂向上运移到断块的铝土岩系及其下伏碳酸盐岩风化带裂隙中聚集,形成载体气藏,盆缘铝土岩储层生成的氦气及盆内氦源岩生成的氦气沿断裂向上运移来的氦气持续进入前述载体气藏,不断积累形成富氦天然气藏。本溪组铝土岩系是"山西式铁矿"和铝土矿的赋存层位,本次研究表明其也是"山西式氦气"的重要氦源岩和储集层系。"山西式"铝土岩系氦源岩的发现及其氦气成藏模式的认识,拓展了氦气勘探新领域,在我国华北乃至全世界的铝土岩系发育区具有重要推广意义。

例10中"'山西式'铝土岩系氦源岩的发现及其氦气成藏模式的认识,拓展了氦气勘探新领域,在我国华北乃至全世界的铝土岩系发育区具有重要推广意义",其中出现了"拓展了……新领域""在……具有重要推广意义"等评论内容应避免出现。

4.关键词

关键词是揭示和描述论文主题内容,是重要且关键性的词或短语。关键词为名词、名词性词组、名词性短语。关键词作为科技期刊论文的一个组成部分,列于摘要之后。关键词应当含义清晰,一般不选用口语词汇或新闻用语,如"荤素搭配"应标为"膳食结构"或"饮食结构"。关键词的数量以3~8个为宜。

[例1]

青藏高原东缘安宁河断裂带中–新生代构造变形及其磁组构特征

关键词:安宁河断裂带;构造变形;磁组构;青藏高原东缘

[例2]

浅埋缓倾斜煤层开采覆岩及地表裂缝发育规律与形成机理

关键词:煤炭开采;地表裂缝;覆岩垮落;机理;缓倾斜煤层

[例3]

基于现场监测的黄土边坡挡土墙稳定依据研究

关键词:现场监测;挡土墙;黄土边坡;结构稳定性;位移变化

上述三个例子中,例1中的4个关键词"安宁河断裂带""构造变形""磁组构""青藏高原东缘"与论文题目内容完全一致;例2中5个关键词中的"煤炭开采""地表裂缝""缓倾斜煤层"3个关键词为题目中的名词,且"机理"一词通用性强,作为关键词,起不到该论文中的检索与关键作用;例3中5个关键词中的"现场监测""挡土墙""黄土边坡""结构稳定性"共4个关键词与题目一致。以上3个例子中,关键词的遴选么与题目中的名词一致,要么检索作用弱,起不到关键词的作用。

在撰写科技期刊编辑时,应遴选出体现论文主题的词或词组,按照《标引规则》拟定论文的关键词。

[例4]

鄂尔多斯盆地上三叠统延长组深湖沉积与油气聚集意义

关键词:深水型三角洲;油藏主控因素;滑塌浊积扇

[例5]

定边地区辫状河沉积储层主控因素

关键词:辫状河;储层特征;定边地区;沉积相;成岩作用

[例6]

延安地区马家沟组风化壳型储层孔隙结构及分类评价研究

关键词:鄂尔多斯盆地;储层特征;孔隙结构;储层分类;马家沟组

例4《鄂尔多斯盆地上三叠统延长组深湖沉积与油气聚集意义》一文中"深水型三角洲""滑塌浊积扇"2个关键词与深湖沉积密切相关,又互相补充,与"油藏主控因素"一起对题目起到互补作用;例5《定边地区辫状河沉积储层主控因素》中的关键词"辫状河""储层特征""定边地区""沉积相""成岩作用"既反映文章的主题和文章研究内容储层控制因素的几个主要方面,又对题目起到补充作用;例6《延安地区马家沟组风化壳型储层孔隙结构及分类评价研究》一文中"鄂尔多斯盆地"明确了研究区所在构造位置,"马家沟组"表明了研究层位,"储层特征""孔隙结构""储层分类"为研究内容,起到了很好的补充作用,也为读者文献检索提供了依据。

5.引言

科技期刊论文的引言主要撰写内容包括研究目的、研究背景、理论依据及前人的研究进展,核心内容为研究的理由、目的、方法及预期达到的研究结果,阐述论文的写作背景及其在相关领域的地位、作用和意义,阐述与本课题相关的国内外学者在该领域的研究成果、进展情况及现在的知识空白和不足,引出主题,通过比较本文与其他研究成果的不同之处,引出本文研究的目的和价值。尽量不要出现插图、列表和数学公式的推导证明,以文字叙述为主。

引言提出要研究的问题,介绍论文的写作背景和目的,以及相关领域内前人所做的工作和研究概况,说明本研究与前人工作的关系,目前研究热点、存在的问题及作者工作的意义;也可点明文章的理论依据、实验基础和研究方法,简单阐述其研究内容,预示本研究的结果、意义和前景。引言宜开门见山,言简意赅,突出重点,实事求是。切忌用"有很高学术价值""首次发现"等夸张之词,也不宜用"水平有限""抛砖引玉"等客套话。引言的内容不应与摘要雷同,也不应成为其注释,一般应与结论呼应。尽量不要分段论述,不要出现插图列表和数学公式的推导证明。

[例1]

东非 Anza 盆地盆地结构及沉积充填演化

关于 Anza 盆地的研究在国内尚不多见,国外在上个世纪70至80年代,随着苏丹 Muglad 盆地油气的发现,期间有学者对 Anza 盆地的地质特征做过一些研究分析。但由于资料所限,对该盆地的沉积特征及石油地质特征认识尚不清楚。近年来,苏丹 Muglad 盆地油气储量增长迅速,和它同属于一个裂谷体系 Anza 裂谷盆地开始被世界大油气公司关注,推测 Anza 盆地可能也具有比较大的油气勘探潜力(介绍研究对象的研究进展及存在问题)。为了落实 Anza 盆地的油气勘探潜力,通过利用盆地内的钻井、地震及野外露头资料对该盆地的构造、沉积演化史进行了深入探讨,综合分析了盆地构造发育以及沉积演化的特点(说明研究方法、研究成果与研究意义)。

这篇引言仅用200多个字,把科技期刊论文撰写的内容及研究目的与意义说明得清清楚楚,使读者对这篇文章的研究进展与研究内容一目了然。

　　[例2]

浅湖细粒沉积特征及砂体叠加样式分析

　　陕北地区上三叠统延长组以三角洲—湖泊沉积体系为主,入湖三角洲沉积的大面积分布的浅湖细粒沉积砂岩是最重要的油气储层(介绍研究对象与基本特征)。关于入湖细粒砂体叠加样式,不同学者有不同认识,但整体缺乏对浅湖细粒沉积岩不同沉积微相砂体接触样式系统分析(介绍前人的研究进展、不同类型的分类方式)。胡光义、刘君龙、梁旭、郝睿林等结合沉积构型研究来对砂体的叠置进行研究,对其划分成了堆叠型、侧叠型和孤立型双向迁移形;徐波、封从军、张福顺等将其在垂直方向上分为分离式、叠加式、切叠式、替代式,在平面上分为分离式、相变式、对接式、切割式;邹拓从沉积速率与可容纳空间比值角度对砂体叠置关系进行分析,发现共有孤立型、桥接型、叠加型、切叠型和复合型五种类型;刘丽将其分为五种叠置模式,分别为纵向上的分离式、复合叠置式以及侧向上的分隔式、河岸接触式和切叠式……张刚、高岗、李江山等进一步对储层特征、岩层的发育与物性、孔隙进行了研究,确定了该地区的岩性、孔隙度以及渗透率;党犇、马成龙等认为不同级次界面的识别是高精度层序地层研究的核心。

　　笔者以陕北地区上三叠统浅湖细粒沉积为例(介绍研究对象特征),根据测井曲线、岩心及野外露头等资料(主要研究研究方法),结合不同微相的沉积韵律、沉积旋回、沉积厚度及岩电组合等特征分析浅湖细粒砂体叠加样式和沉积模式(研究内容与研究结果)。

　　这篇引言较为详细地介绍了前人的研究进展,思路清晰、条理清楚,使读者能清晰地认识到浅湖细粒沉积特征及砂体叠加样式的研究工作。

　　[例3]

鄂尔多斯盆地北部沉积地质条件对矿井冲击地压的影响研究

　　鄂尔多斯盆地是我国第二大陆相沉积盆地,发育有石炭系–二叠系、三叠系、侏罗系等3套含煤层系,煤炭资源量和煤炭产量均居我国各沉积盆地之首,其中侏罗系煤炭资源量占全国的31.9%。由于盆地浅埋深资源已经得到充分的开发,近年来该区域煤炭资源开发已逐步向中深部埋深转移。盆地北部呼吉尔特矿区、纳林河矿区等区域主采煤层埋深达到600m~800m,属于中深埋煤层,已形成大规模开采格局,冲击地压问题也逐渐凸显,并且成为制约该区域煤矿安全开采的关键因素(介绍研究背景,提出存在问题)。

前人在冲击地压的成因和防治方面开展了大量研究,在冲击地压影响因素方面,王业常等认为矿井冲击地压主要影响因素为煤层倾角、开采工艺、开采深度、顶板岩层的结构特点、地质构造等;张寅等提出了鄂尔多斯深部矿区受开采深度、煤岩冲击倾向性、顶板特性、区段煤柱以及高强度开采等因素的影响而面临冲击地压灾害。在考量地质因素方面,主要把构造地质条件作为首要影响因素。孙步洲通过对陶庄煤矿地表移动观测资料和冲击地压进行实际对比,对断层参与诱发冲击地压有了进一步认识;陈国祥采用数值模拟方法反演了褶皱的形成过程及应力分布规律,分析了褶皱不同部位的应力状态;王存文等则从构造形成机制的角度分析构造区的应力环境,并运用矿山压力理论、数值模拟等探讨断层、褶皱、相变诱发冲击地压的机理,得出构造应力场与采动应力的叠加形成高应力复杂应力易诱发冲击地压的结论(介绍前人研究进展)。盆地北部中深部侏罗系地层构造地质条件简单而沉积地质条件复杂,以往的评价预测方法及经验难以适用于此类地质条件的矿井冲击地压防治需要。在区域冲击地压研究中,如果忽视了沉积地质条件引起的地层结构变化对冲击地压的巨大影响就无法解释研究区冲击地压的成因和规律(说明研究面临的问题、研究缘由与背景)。从沉积地质条件的角度开展冲击地压影响因素的研究,通过对盆地北部中深部煤层覆岩沉积相特征、沉积相类型及砂体展布规律等进行研究,确定影响矿井冲击地压的关键砂层特征,结合中深部侏罗系矿井微震事件分析(介绍笔者的研究方法),明确沉积地质条件对中深部矿井冲击地压的影响作用(说明研究内容)。为该区域煤矿安全生产提供现实指导意义,同时为相同地质条件矿井冲击地压研究提供理论依据(介绍本文研究意义及研究价值)。

这篇引言详尽地介绍了鄂尔多斯盆地北部沉积地质条件对矿井冲击地压的研究进展,内容翔实、分析透彻。

[例4]

"山西式"氦气成藏模式及其意义

氦气是大国国家安全和高新技术产业发展的重要稀有战略资源,在航天、国防和高端能源系统、半导体和光纤制造等工业领域、医学成像与深潜水等民生领域,运用广泛且不可替代(介绍研究内容的重要性与应用领域)。自20世纪80年代以来全球氦气资源长期短缺,全球供应紧张。2007年美国将氦气核定为战略储备资源,限制产量,2018年又列入35种关键矿种。我国氦气供应严重依赖进口,资源安全形势十分严峻。但我国陕西渭河盆地地热井伴生壳源氦气显示十分普遍,且含量之高,世界罕见,同时也是我国氦气资源少有的研究程度较高地区,因此有望在渭河盆地周缘取得的突破。柴达木盆地北缘、塔里木盆地麦盖提斜坡等处也发现富氦天然气藏,为我国氦气资源保障带来了希望。上述渭河、柴达木和塔里木盆地氦气资源与世界普遍发现的氦资源一样,源岩主要与花岗岩类及其变质岩相关(介绍研究背景及战略意义)。

受渭河盆地氦气调查研究成果的启发,山西省第三地质工程勘察院开展的山西省氦气资源调查,取得良好成果,特别是 2021 年 3—5 月,分 3 批次在晋中盆地的"晋热 1 号井"采取了 20 件井口气体样品,送中科院西北生态环境资源研究院等 4 个单位测试,氦气含量高达 8.50%~18.86%,平均为 13.40%,氦气含量之高为世界范围内少有。氦同位素是鉴别氦气来源的重要手段,晋中盆地 R/Ra 值主要在 0.02 左右,为典型的壳源氦。随后在"晋热 1 号井"东部 3.5~12km 内又发现了 3 口地热井氦气含量为 10.06%~15.72%,显示山西省晋中盆地具有良好氦气资源前景,有望成为我国新型优质氦气资源重要矿产地(提出问题,明确研究内容的独创性)。

这篇引言详尽地介绍了"山西式"氦气成藏模式及其意义,研究内容新颖,背景介绍清楚。

[例5]

哈日凹陷巴音戈壁组碎屑岩储层及微观孔喉特征

银根-额济纳旗盆地位列中国十大盆地之六,位于内蒙古自治区西部,东以狼山为界,南抵北大山和雅布赖山山前,西临北山,北至中蒙边境及洪格尔吉山、蒙根乌拉山,东西长约 700km,南北宽 75km~225km,面积约 $12.3×10^4km^2$。哈日凹陷位于银额盆地中北部,是苏红图坳陷的一个次级构造单元。凹陷的东部与巴布拉海凸起相接,南部以断层为界与宗乃山隆起相邻,西部与拐东凸起相邻,北部与蒙古国相接,平面形态上呈狭长条状,长轴方向为北东向,面积约 $1350km^2$。自 1955 年以来,该凹陷一直未取得实质性突破,直到 2014 年,延长石油在该凹陷 Y 井巴音戈壁组试气取得重大突破,日产无阻流量 $9.15×10^4m^3$ 的高产工业气流,并伴有少量凝析油产出,证实了该凹陷具有极大的勘探潜力(介绍研究背景以及研究的价值所在)。

哈日凹陷为一东断西超、近"S"形展布的箕状断陷,分为东部陡坡带、中央深凹带和西部斜坡带三个次级构造单元。哈日凹陷构造演化较为复杂,在上古生界石炭系沉积时期,主要以海相、海陆交互相沉积为主,构造活动弱,断层不发育;上古生代二叠纪沉积特征与石炭纪沉积相似,由于受到印支运动的影响,研究区发生褶皱回返、抬升遭受剥蚀,导致研究区缺失三叠系和侏罗系;下白垩统巴音戈壁组沉积前断层开始发育,凹陷边界断层形成,中生界断陷湖盆的雏形基本形成;下白垩统巴音戈壁组沉积时期,凹陷断层进一步发育,靠近边界断层处,地层有加厚现象,呈现典型的断陷湖盆特征;苏红图组地层沉积时期,凹陷处于断陷稳定发育阶段,控陷断层对凹陷控制作用进一步加强;早白垩世晚期为银根组地层沉积期,在前期低幅度隆起的基础上整体沉降,地层沉积厚度较大,银根组沉积末期,凹陷遭受挤压、褶皱、抬升、剥蚀;银根组之后,凹陷进入坳陷沉积期,湖盆水体较之前整体偏浅。进入新生代以来,凹陷再次遭受抬升、剥蚀,缺乏新生代地层沉积。

王小多、刘护创、陈志鹏等在沉积环境和成藏条件方面进行了研究,认为巴音戈壁组底部发育扇三角洲、冲积扇粗粒沉积,中下部发育深湖-半深湖沉积,上部以滨浅湖沉积为主,凹陷边部以滨浅湖沉积为主。巴音戈壁组东物源以冲积扇-湖底扇为主,扇中相带类型好,但相带发育较窄,难以识别;西物源以冲积扇-扇三角洲沉积为主,有一定的搬运距离,扇三角洲前缘为最有利沉积相带;在成藏条件方面认为越向烃源岩发育程度最好的湖盆中心区域,盖层条件越好,越向凹陷边缘,盖层条件越差。圈闭主要有构造圈闭和岩性圈闭,构造圈闭中又以断块和断鼻圈闭为主。王小多、任来义、陈治军等认为巴音戈壁组烃源岩属成熟—高成熟、腐泥—腐殖混合型、中等—好烃源岩。卢进才等对 Y 井天然气及凝析油组分、同位素,以及凝析油生物标志化合物进行分析,指出 Y 井凝析油及天然气源于二叠系,进一步证实了银额盆地石炭系—二叠系良好的油气资源前景(介绍前人的研究进展)。

前人对该凹陷做了一定的研究工作,但缺乏对该凹陷巴音戈壁组碎屑岩储层和微观孔喉特征进行研究(说明研究内容存在的问题以及研究的不足,提出研究的必要性),基于此,运用镜下薄片鉴定、扫描电镜分析、高压压汞测试等技术对巴音戈壁组碎屑岩储层微观孔隙、喉道特征进行研究(说明研究方法),寻找 Y 井巴音戈壁组层段高产工业油气流的地层特征,并以期为寻找优质储层提供理论支持(说明研究内容与研究结果)。

这篇文章引言用1000多字详尽地介绍了哈日凹陷巴音戈壁组碎屑岩储层及微观孔喉特征,研究背景交代清楚,研究内容提出合理,研究进展梳理到位,思路清晰,承上启下地引出正文研究内容。

[例6]

苏里格气田东区马五段储层特征及控制因素

鄂尔多斯盆地下古生界海相碳酸盐岩地层非常发育,依据海平面多次升降形成的沉积旋回和岩性特征,将马家沟组自下而上可划分为六段岩性段,其中马一、马三、马五段为相对海退期,属局限海蒸发台地环境,主要为白云岩、膏岩发育层段;马二、马四、马六段为相对海侵期,属陆表海陆棚环境,主要为石灰岩发育层段。马五段在盆地中部沉积厚度300m~350m,岩性以白云岩为主,夹灰岩、泥岩及蒸发岩,其中马五段为本区主要产气层段。

勘探开发实践表明,相对上古生界气藏而言,苏里格气田东区下古生界气井产气能力较强(介绍研究的必要性)。下古生界气藏有待进一步勘探开发,对下古生界气藏开发潜力的挖掘以"上下古立体开发"的思路为指导,最大程度上降低产能建设风险,为实现气田经济高效开发打下坚实基础(介绍研究背景以及研究的价值所在)。

盆地内奥陶系马家沟组上部地层由于遭受长期风化剥蚀,发育风化壳岩溶型储层及大型天然气藏。长庆油田研究院将马五$_{1-4}$亚段气藏称为上部组合气藏;马五$_{5-10}$亚段称为中部组合气藏,其中部组合气藏的发现开辟了一个新的天然气勘探领域。气藏在不同层段和平面部位,其产气能力差异较大,控制马五段气藏分布及其产量主要因素为储层非均质性,因此开展苏里格气田东区马五段储层特征及控制因素研究,将对马五段气藏开发潜力评价提供地质依据和支撑(说明研究内容、研究成果及研究意义)。

这篇文章引言用500多字介绍了苏里格气田东区马五段储层特征及控制因素,引言介绍研究背景、研究的价值所在及生产现状,厘清了研究内容、研究成果及研究意义,阐述明确、条理清晰。

[例7]

苏里格气田东南部碳酸盐岩储层特征及分类评价

鄂尔多斯盆地下古生界奥陶系马家沟组天然气资源极为丰富,主力产气层为下古生界马家沟组顶部风化壳(介绍研究背景)。近年来,众多学者对鄂尔多斯盆地下古生界碳酸盐岩地层做了大量的研究工作,对下古生界天然气藏沉积、储层等特征均取得了一系列新成果。刘徐磊等对桃2区块奥陶系马家沟组沉积微相特征进行了详细的刻画,均认为桃2区块主要发育陆表海台地潮坪相沉积体系,潮坪相沉积相带包括潮上带和潮间带 2 个亚相;余朱宇认为桃 2 区块马五段气、水分布规律主要受控于构造起伏、古地貌背景、铝土岩展布和储层非均质性等多方面因素影响;刘占良等探讨了马五$_{1-4}$亚段碳酸盐岩储层垂直裂缝与水平裂缝发育程度及其储层地质意义;王起琮等认为鄂尔多斯盆地奥陶系风化壳碳酸盐岩成岩相可划分为近地表成岩域及中–深埋藏两种成岩域两种类型,白云岩成因机制主要为准同生、回流渗透及埋藏白云石等作用;胡明毅等认为鄂尔多斯盆地中部地区奥陶系白云岩储层成岩作用类型繁多,主要包括胶结作用、白云石化作用、溶解作用、压溶作用等几种类型;郭彦如等认为鄂尔多斯盆地中部地区奥陶系碳酸盐岩天然气主要源自奥陶系海相烃源岩形成的古油藏的热解,具有煤成气和原油裂解气的混合气特征(介绍研究进展及取得的相关成果与认识)。

鉴于以往研究主要集中于奥陶系碳酸盐岩岩相古地理、古地貌、成岩作用以及白云岩成因机理等方面的研究,对储层特征方面的研究相对较少,而碳酸盐岩储层研究又作为奥陶系马家沟组天然气勘探开发的关键因素之一,非常有必要进行深入的分析(说明研究内容存在的问题以及不足,提出研究的必要性)。为此,通过对鄂尔多斯盆地桃 2 区块马家沟组马五$_{1+2}$亚段和马五$_{41}$亚段的储层岩石学特征、孔隙类型、孔隙结构特征等方面进行了系统的研究,基于储集岩孔洞缝发育程度、组合形式、毛细管压力曲线特征、含气饱和度、有效厚度、残丘发育程、无阻流量等多参数,建立了一套更加细化的鄂尔多斯盆地马家沟组碳酸盐岩储集层的分类方案(说明研究方法),对研究区储层类型进行了精细的评价,相应取得了一些新的认识,以期为下古气藏的高效开发提供可靠的地质依据(说明研究内容、研究成果与研究意义)。

这篇文章引言用 800 多字介绍了苏里格气田东南部碳酸盐岩储层特征及分类评价,引言介绍了研究进展及取得的相关成果与认识,指明了研究内容存在的问题以及研究的不足,提出研究的必要性,说明了研究内容、研究成果与研究意义,前言阐述明确、条理清楚、承上启下、引出正文。

[例 8]

延安地区马家沟组风化壳型储层孔隙结构及分类评价研究

碳酸盐岩风化壳型气藏是许多学者研究和讨论的重点,不同学者从大地构造背景、沉积储层、地球化学、岩溶古地貌、成藏、气源等方面对盆地内部碳酸盐岩气藏进行了深入研究。黄道军认为鄂尔多斯盆地东部储层以含膏模孔的白云岩为主,岩溶的后期充填类型决定了储层的好坏;杨华认为白云石化作用和岩溶作用是建设性成岩作用,压实作用、胶结作用和去白云石化作用是破坏性成岩作用,鄂尔多斯盆地古隆起周边白云岩体、台缘相带及东部奥陶系盐下等三大领域发育多类有效储层及圈闭,成藏潜力巨大,是盆地海相碳酸盐岩天然气勘探的接替领域。延安地区位于鄂尔多斯盆地伊陕斜坡中东部,随着甘泉、富县一带下古生界奥陶系风化壳气藏获多口工业气流井,对延安地区下古生界天然气的勘探逐渐加强,地质认识逐渐加深,碳酸盐岩风化壳气藏成为该区天然气增储上产的重要接替领域。对储层的合理分类与评价是天然气勘探开发的工作基础,是一项对风化壳气藏深入认识的长期工作,因此需要从宏观深入到微观,从定性研究向定量发展,不断深入推进对风化壳气藏的地质研究,进一步挖潜储层潜力,为后期天然气规模开发提供理论支持。近年来,不少学者对风化壳型储层做了大量研究,认为风化壳型储层是由于岩溶作用形成,赵文智认为岩溶作用往往形成规模不等的溶孔、溶洞及溶缝,所以岩溶储层的储集空间以溶孔、溶洞及溶缝为特征,具有极强的非均质性。侯方浩、苏中堂等认为:最有利的储层为含硬石膏结核或含硬石膏柱状晶和结核的粉晶白云岩;表生岩溶作用是储层形成的关键作用,储层分布受岩溶古地貌影响明显,垂向上受岩溶旋回控制,各旋回垂直渗流带和中等强度水平径流带利于储层发育;含膏白云岩容易溶蚀,形成了大量的溶蚀孔、缝、洞,构成了储集空间系统(介绍研究进展及取得的相关成果与认识)。现有研究大多是从沉积储层、风化壳气藏特征、成藏规律与条件、岩溶作用等方面论述,缺少对储层分类及评价的专项研究(说明研究内容存在的问题以及研究的不足,提出研究的必要性)。

本文以延安地区奥陶系马家沟组风化壳储层为研究对象,以地质学理论为指导,采用多学科、多技术综合分析方法,配以显微镜、扫描电镜、压汞分析等现代分析测试手段,从微观孔隙结构入手(说明研究方法),开展对储层分类的定量化研究(说明研究成果与研究内容的必要性)。

这篇文章引言用900多字介绍了延安地区马家沟组风化壳型储层孔隙结构及分类评价研究及不足,并介绍了研究进展及取得的相关成果,说明了研究存在的问题,提出了研究方法、研究成果与研究内容的必要性。

上述8个例子都交代得比较清楚,即便每篇论文的研究对象与研究内容不同,但引言中都包含了研究对象、基本特征、研究进展以及研究内容存在的问题和研究的必要性,这些内容可以都有体现,也可以不全部涉及,但都应简洁、明确、实事求是。

6.正文

科技期刊论文的正文是论文的核心部分,主要包括论点、论据、论证过程,主要回答"怎么研究" 这个问题。正文应充分阐明科技论文的观点、原理、方法及具体达到预期目标的整个过程,并且突出一个"新"字,以反映科技论文具有的首创性,总体思路和结构应该符合"提出论点、通过论据对论点进行论证"的要求。

科技论文的写作,要求思路清晰、合乎逻辑,用语简洁准确、明快流畅;内容务求客观、科学、完备,尽量让事实和数据说话;凡用简要的文字能够说清楚的,应用简要文字陈述;需要用图表来表达的,由表或图来陈述;物理量和单位应采用法定计量单位来表示。

6.1 正文的组成

论点是体现作者的基本观点和论文价值的核心,论点应新颖、深刻、典型、鲜明,让人耳目一新。选取新颖的论点就是要研究前人没有研究的科学问题或者填补学术研究的空白,选题时要查阅大量的参考文献,了解前人的研究进展,明确要从哪个角度去选择论点、去研究问题;论点要抓住事物的主要矛盾,论点的选择与获取就不能停留在描述现象、数据堆积、统计数据等表象,而是应该透过现象来看本质,分析数据、分析材料、升华数据,把论点集中到一个主题上来,这样就不会产出与主题关系不大的论点,从而淡化主题。因此,科技期刊论文必须有一个鲜明的论点,突出论文的中心和主题。

一旦论文的论点明确,就要准备各种事实、数据、观点等论据,对通过调查、实验及文献材料得出的论据进行整理、分析。论据必须充分、充足,从量的角度上来说必须要充足,要具有代表性,要说清楚问题,否则就是论据不足;科技期刊论文的论据必须真实、可靠、准确,具有科学性,因此,研究方法和实验方案的选取、实验数据与基础材料的真实性是科学论据的前提和基础;新观点、新认识是吸引读者眼球的关键,找到科学的论点后,将论据具体化、描述形象化,才能做好研究工作,获取创新性成果。因此,论据资料要翔实、内容要丰富、分析要透彻、材料要新颖,才能获取真实、典型、新颖的论据。

论证是用论据证明论点的推理过程,是科技期刊论文主要的表达方式和写作手段,科技期刊论文作者用举例、因果互证等归纳推理方法,事理引申、反证等演绎推理方法,类比、对比等类比推理方法,归谬等反驳推理方法,对论点进行论证。

6.2 正文的内容

科技期刊论文的正文内容主要对理论依据、方法说明、前提条件、计算过程等基本原理进行分析与论证。作者在写作过程中对于基本原理的阐述应该明确哪些内容是作者提出的?哪些内容是前人的研究进展?哪些内容是作者经过研究改进的?

实验与材料的部分应说明实验、材料等的来源、性质、数量、方法,实验仪器、实验方法、测试过程等内容,实验数据必须真实,借鉴前人之处要标明出处与来源,修改的图件必须说明"据原作者修改"。

"结果与分析"或者"结果与讨论"是科技期刊论文的关键所在。结果与分析部分可通过图件或表格将学术原理或实验数据以分析说明或数理统计的形式进行梳理、解释、分析,对研究结果进行讨论,解释研究成果,阐述研究结果的意义,指出研究成果与前人的研究成果的异同或者对成果进行补充,突出新认识、得出新观点。

6.3 层次标题

科技期刊论文的层次标题应遵循《科技文献的章节编号方法》的规定,即除论文题目以外的各个级别的章节标题,一般用阿拉伯数字连续编码,不同层次的两个数字之间用下圆点分隔开,各个层次标题首字码左顶格,最后一个序码后空一个字距排标题,标题末尾不加标点。

[例1]

易侵蚀层厚度对滑坡运动过程与堆积特征的影响

0 引言

1. 材料与方法

   1.1 试验仪器和材料

   1.2 试验方法

   1.3 试验的局限性

2. 结果与分析

   2.1 滑体运动过程

     2.1.1 速度特征

2.1.2 位移特征

2.2 堆积体平面形态

2.3 堆积体内部构造

3.结论

[例2]

易侵蚀层厚度对滑坡运动过程与堆积特征的影响

3.结果与讨论

3.1 煤层气气体组分和同位素特征

3.1.1 煤层气气体组分

3.1.2 气体同位素组成特征

3.2 煤层产出水中古菌群落分布特征

3.3 煤层气气体成因类型

3.3.1 煤层气成分指数

3.3.2 煤层气同位素指数

3.4 生物成因与热成因煤层气相对含量计算

3.5 低产井次生生物气增产煤层气潜力

由例1的章节编号可以看出,《易侵蚀层厚度对滑坡运动过程与堆积特征的影响》一文共设置了3级层次标题,标题的层次清晰,如"2.1.1 速度特征"为三级层次标题,属于第二部分"2.结果与分析"第一节中的第一部分,便于读者阅读。由例2的"3 结果与讨论"编号可以看出,本节共包括"3.1 煤层气气体组分和同位素特征""3.2 煤层产出水中古菌群落分布特征""3.3 煤层气气体成因类型""3.4 生物成因与热成因煤层气相对含量计算""3.5 低产井次生生物气增产煤层气潜力"5个二级层次标题,5个二级层次标题分别对5个方面进行了分析与探讨,"3.1.1 煤层气气体组分""3.1.2 气体同位素组成特征"为2个对等的三级标题。

层次标题应设置得准确、得体,反映章节的中心思想,一般用词或者词组。同一级标题应该反映同一层次的内容,同一级标题用不同层次的标题,会导致文章层次混乱。

[例3]

洛河地区高自然伽马砂岩识别及主控因素

0 引　言

1.洛河地区长 6 地质特征

2.高自然伽马砂岩特征

    2.1 敏感测井曲线重叠处理识别高自然伽马砂岩

    2.2 构建新指示参数验证高自然伽马砂岩

3.高自然伽马砂岩成因

    3.1 同期或准同期火山事件沉积叠加导致

    3.2 深部流体活动导致

    3.3 物源供给差异性导致

    3.4 高自然伽马砂岩主控因素分析

4.结论

例 3《洛河地区高自然伽马砂岩识别及主控因素》一文中,从题目可以看出此文主要阐述"砂岩识别""主控因素"这两个方面的问题,二者应为并列关系,均应为一级层次标题,而"3.4 高自然伽马砂岩主控因素分析"这个二级层次标题在"3.高自然伽马砂岩成因"一级层次标题之下,为隶属关系,与题目不符,应将二级层次标题"3.4 高自然伽马砂岩主控因素分析"改为一级层次标题;一级层次标题"1.洛河地区长 6 地质特征",与一级层次标题"2.高自然伽马砂岩特征""3.高自然伽马砂岩成因"不对应,从内容上看更像是二级层次标题,可改为"1.区域地质特征";二级层次标题"2.1 敏感测井曲线重叠处理识别高自然伽马砂岩""2.2 构建新指示参数验证高自然伽马砂岩"为识别高自然伽马砂岩特征研究方法,而不是高自然伽马砂岩的特征,应改为"2.1 高自然伽马砂岩识别标志""2.2 高自然伽马砂岩新指示参数";一级层次标题"3.高自然伽马砂岩成因"下的 3 个二级层次标题"3.1 同期或准同期火山事件沉积叠加导致""3.2 深部流体活动导致""3.3 物源供给差异性导致"宜将二级层次标题中的"导致"删除;宜将一级层次标题"4.高自然伽马砂岩主控因素分析"中的"分析"删去。

可修改为:

0 引 言

1.区域地质特征

2.高自然伽马砂岩特征

    2.1 高自然伽马砂岩识别标志

    2.2 高自然伽马砂岩新指示参数

3.高自然伽马砂岩成因

3.1 同期或准同期火山事件沉积叠加

3.2 深部流体活动

3.3 物源供给差异性

4.高自然伽马砂岩主控因素

5.结论

同一级层次标题最好能对仗。特别是对二级、三级、四级层次标题,同一级层次标题的结构尽量相同或相似,同一级层次标题的意义尽量相关,同一级标题的用词方式和格式应尽量一致、措辞要严谨,体现标题的作用,吸引作者的眼球,同时提高文章的可读性。

[例4]

易侵蚀层厚度对滑坡运动过程与堆积特征的影响

0.引言

1.材料与方法

 1.1 试验仪器和材料

 1.2 试验方法

 1.3 试验的局限性

2.结果与分析

 2.1 滑体运动过程

  2.1.1 速度特征

  2.1.2 位移特征

 2.2 堆积体平面形态

 2.3 堆积体内部构造

3.结论

例4《易侵蚀层厚度对滑坡运动过程与堆积特征的影响》一文中,四个一级层次标题"0.引言""1.材料与方法""2.结果与分析""3.结论"虽不能很好地对仗,但逻辑性强,层次感好;而一级层次标题"2.结果与分析"下的三个二级层次标题"2.1 滑体运动过程""2.2 堆积体平面形态""2.3 堆积体内部构造"与第一个二级层次标题之下的2个三级层次标题"2.1.1 速度特征""2.1.2 位移特征"都在本级层次目录内达到了工整对仗、措辞严谨、层次明显的效果。

同一级层次标题结构要相同或相近,更重要的是其意义要有相关性。同一级层次标题的意思各不相同,都不能离开上一级层次标题的中心内容,并且同一级层次标题都应该是相互联系的。

［例5］

鄂尔多斯盆地延长期湖盆底面构造定量化演化规律

0 引言

1.研究方法与数据来源

　1.1 方法原理

　1.2 盆地地质模型

2.湖盆底面构造特征

　2.1 长 10 期底面凹凸构造面貌格局

　2.2 长 9 期底面凹凸构造面貌格局

　2.3 长 8 期底面凹凸构造面貌格局

　2.4 长 7 期底面凹凸构造面貌格局

　2.5 长 6 期底面凹凸构造面貌格局

　2.6 长 4+5 期底面凹凸构造面貌格局

　2.7 长 3 期底面凹凸构造面貌格局

3.凹凸中心及其迁移

4.湖盆演化对砂体及油藏分布的影响

　4.1 湖盆迁移对砂体的纵向相互叠置、横向分布的影响

　4.2 湖盆凹凸构造面貌对油藏分布的影响

5.结论

例5《鄂尔多斯盆地延长期湖盆底面构造定量化演化规律》一文中,一级层次标题"1.研究方法与数据来源"中的 2 个二级层次标题"1.1 方法原理""1.2 盆地地质模型"意思各不相同,结构不尽一致,但都不能离开上一级层次标题"研究方法与数据来源"的中心内容,并且这 2 个二级层次标题之间是相互联系的,共同支撑了一级层次标题;一级层次标题"4.湖盆演化对砂体及油藏分布的影响"包含了 2 个二级层次标题"4.1 湖盆迁移对砂体的纵向相互叠置、横向分布的影响""4.2 湖盆凹凸构造面貌对油藏分布影响",虽然同一级层次标题的意思不相同,但都支撑了一级层次标题的中心内容,并且同一级层次标题是相互联系的,标题"4.2"不仅是标题"4.1"的递进,而且二者是相互联系的,共同支撑起一级层次标题。

[例6]

社交网络突发谣言传播动力学建模与分析

3.数值仿真

  3.1 无谣言平衡点稳定性仿真

  3.2 谣言传播平衡点稳定性仿真

  3.3 Hopf 分岔存在性仿真

  3.4 时滞参数对谣言传播过程的影响

  3.5 重要参数对谣言传播过程的影响

  3.6 基本再生数灵敏性

  3.7 真实数据集拟合

例6《社交网络突发谣言传播动力学建模与分析》一文中,一级层次标题"3. 数值仿真"共包含7个二级层次标题,很明显二级层次标题"3.1 无谣言平衡点稳定性仿真""3.2 谣言传播平衡点稳定性仿真""3.3 Hopf 分岔存在性仿真"为3个平行的内容,为一级层次标题"3.数值仿真"的3个方面;二级层次标题"3.4 时滞参数对谣言传播过程的影响""3.5 重要参数对谣言传播过程的影响"与标题"3.1""3.2""3.3"不为同一级层次标题的研究内容,应增加一级层次标题"4.谣言传播过程的影响因素",标题"3.4""3.5"应为标题"4"的二级层次标题;"3.6 基本再生数灵敏性""3.7 真实数据集拟合"也为独立的内容,应增加一级层次标题"5. 基本再生数灵敏性",标题"3.6""3.7"应为标题"5."的二级层次标题。

应改为:

3.数值仿真

  3.1 无谣言平衡点稳定性仿真

  3.2 谣言传播平衡点稳定性仿真

  3.3 Hopf 分岔存在性仿真

4.谣言传播过程的影响因素

  4.1 时滞参数对谣言传播过程的影响

  4.2 重要参数对谣言传播过程的影响

5.基本再生数灵敏性

  5.1 基本再生数参数取值

  5.2 真实数据集拟合

7.结论

科技期刊论文的结论是以正文中的实验或考察得到的现象、数据的分析为依据,是整篇文章的总结与提升,但不是文中各个部分小结的拼接,而是作者向读者表达自己的学术观点和主要研究目的的途径,必须以文中的论证为依据,完整、准确、简洁地给出论文的结论(郑秀娟,2013)。

7.1 结论的主要内容

学术性、技术性科技期刊论文结论主要包括研究结果说明了什么问题、得出了什么规律、解决了什么理论或实际问题,研究结果对前人的成果做了哪些修改、补充、发展、证实或否定,以及指出本文研究的不足之处及今后的研究方向等内容。结论一般不分段叙述,要求内容明确具体、概括准确、简短精练、措辞严谨,同时不做自我评价、自我批评。结论一般包括以下几种类型:

(1)对研究内容进行实验或考察得到的研究结果揭示了相应的研究原理,简述研究最后得出的新观点或新认识。

(2)阐述了研究中是否存在例外发现,列出了本文难以解释和解决的问题。

(3)说明结论适用的范围,并与先前已发表的研究工作进行对比,说明其异同。

(4)阐述论文在理论和实践方面的意义和价值,体现研究成果所解决的问题及其蕴含的意义。

(5)提出进一步深入研究的建议以及对本研究工作发展趋势的展望。

[例1]

煤矸石陶粒混凝土微观孔结构特征及抗压强度

1)掺加煤矸石陶粒可细化混凝土孔径,而且随着煤矸石陶粒取代率的增加,煤矸石陶粒对孔径的影响是一个由变化明显到趋于平稳的过程。(揭示了对研究内容进行实验得到结果的原理)

2)掺加煤矸石陶粒能有效降低混凝土的最可几孔径尺寸,且受煤矸石陶粒取代率的影响较大。煤矸石陶粒取代率为 0%、20%、40%、60% 时,最可几孔径分别为 $0.051\mu m$、$0.019\mu m$、$0.029\mu m$、$0.022\mu m$。(揭示了对研究内容进行实验得到结果的普遍性)

3)添加煤矸石陶粒对减小混凝土的孔隙率效果不明显,但其可有效细化孔隙,明显改善混凝土的孔级分布。随着煤矸石陶粒取代率的增加,有害孔级和多害孔级占比明显减少。(揭示了对研究内容进行实验得到结果的普遍性)

4)煤矸石陶粒对混凝土的微观孔结构特性和抗压强度性能均有明显影响,且变化规律并不完全一致,应该根据工程需要综合考虑煤矸石陶粒对混凝土微观孔结构和宏观力学性能的影响,选择适宜的煤矸石陶粒取代率。(得到的新观点)本研究发现取代率为40%的煤矸石陶粒混凝土微观孔结构和抗压强度均较好。(得到的新认识)

[例2]

鄂尔多斯盆地黄陵地区深水砂岩中碳酸盐胶结物特征、成因及分布规律

1)研究区长6碳酸盐胶结主要类型有方解石、白云石、铁方解石和铁白云石,有三期成因,早期主要有方解石和白云石胶结。主要成因为内源成因,中期和晚期主要为外源和内源共同作用的结果。(揭示了该研究内容结果的普遍性)

2)砂岩中钙质层在砂体顶部和底部钙质层延伸较远,中部钙质层延伸距离短,且规模小。顶部钙质层主要分布在浊流成因砂体中,底部和中部钙质层主要分布在砂质碎屑流成因砂体中。(揭示了该研究内容的原理)

3)钙质层分布明显受沉积和成岩作用控制。钙质层在基准面下降半旋回发育密度高于基准面上升半旋回,(得到的新认识)与深湖相泥岩相匹配的砂岩易于形成钙质层,差异成岩演化影响着钙质层分布。(得到的新观点)

[例3]

浅湖细粒沉积特征及砂体叠加样式分析

1)浅湖细粒沉积以三角洲前缘水下分流河道为主,为主要的油气储集体。岩石类型主要为长石砂岩,分选性较差,尤其是东西方向,但圆度相当,水动力条件强,发育平行层理、板状交错层理、槽状交错层理等。(揭示了研究内容得到结果的普遍性)

2)根据岩心、野外露头及钻井测井资料对浅湖细粒沉积体的岩性、粒度、分选性及垂向序列的分析,识别出水下分流河道、分流间湾、河口坝和席状砂为陕北地区浅湖细粒沉积主要沉积微相,测井曲线主要为钟型、箱型、钟箱复合型以及漏斗型。(揭示了对研究内容进行研究得到结果的基本原理)

3)浅湖细粒沉积体砂体间平面接触样式反映了不同单砂体平面上的位置关系,据水动力条件、水下分流河道摆动程度、古气候等因素的影响,分为截切

式接触样式、天然堤接触样式、分流间湾接触样式等类型。(得到的新认识)

4)浅湖沉积湖岸线迁移、摆动频繁,明显影响细粒沉积体分布范围。距离周缘物源远,碎屑补给能力相对较弱,是浅湖细粒沉积主要特征。水下分流河道砂体垂向上与浅湖泥岩呈互层或透镜状分布是浅湖细粒沉积体砂体分布的主要空间结构。(阐述了研究中难以解释和解决的问题)

[例4]

鄂尔多斯盆地洛河区高自然伽马砂岩主控因素分析

1)自然电位与自然伽马曲线重叠处理,可快速识别高放射性砂岩;自然电位与声波时差曲线重叠处理,协助核定高自然伽马砂岩发育段。(揭示了研究内容得到结果的普遍性与原理)

2)根据敏感测井参数组合所构建的新指示参数与敏感测井参数交会处理,有效验证高自然伽马砂岩发育段。(阐述了研究中难以解决的问题)

3)洛河区长6高自然伽马砂岩由三角洲前缘水下分流河道沉积过程中火山事件沉积的凝灰质添加所导致,高放射性主要来自高含量钍元素的贡献。(与先前已发表过的研究工作进行对比,得到的新认识)

[例5]

富县地区张家滩页岩地化特征与油气地质意义

1)提出了富县地区张家滩页岩岩相为黑色页岩岩相、灰黑色泥页岩岩相、纹层状黑色页岩岩相、纹层状灰黑色泥页岩岩相、粉砂岩相、凝灰岩相等六种岩石相类型。(揭示了研究内容得到结果的普遍性,同时提出了研究内容的主要分类)

2)研究了不同岩相的岩石矿物组分、孔隙度、有机地球化学特征等,认为粉砂岩相和纹层状黑色页岩的可动性指数明显高于其他岩相。(与先前的研究工作对比,得到的新认识)

3)提出了页岩油赋存的最有利岩相为粉砂岩相,次为含粉砂质纹层黑色页岩岩相。(揭示了研究内容得到的结果,提出新观点)

4)研究张家滩页岩地球化学特征对于预测页岩含油性,指导页岩油勘探开发具有较大的意义。(阐述论文在理论和实践方向的意义和价值,体现研究成果、研究目的、已解决的问题及意义)

[例6]

彬长矿区地下水化学特征及突(涌)水源判别

1)各含水层水化学特征存在明显差异,第四系含水层 TDS 值较低、水质较好,侏罗系含水层 TDS 值较高。通过 Piper 图分析后判别突水点 43 号为白垩系含水层水,44 和 45 号为侏罗系延安、直罗组含水层水。(揭示了研究内容得到结果的普遍性与原理,以及得到的新认识)

2)通过离子比例分析与主成分分析,确定了影响水化学特征的主要作用有溶滤作用,阳离子交替吸附作用以及黄铁矿氧化作用。侏罗系含水层 SO_{42} 含量与 TDS 值的相关性显著。(揭示了研究内容得到的原理,得到的新观点)

3)建立了 PCA-Fisher 判别模型对工作面突水点水样进行判别,判别 43 号为白垩系含水层水,44、45 号为侏罗系延安、直罗组含水层水,结果与 Piper 图判别结果一致,与实际相符,相较传统 Fisher 判别模型更加准确有效。(与先前已发表过的研究工作进行对比,说明其异同,体现研究成果、研究目的、已解决的问题及研究意义)

[例7]

护盾式智能掘进系统截割机器人截割能力研究

1)根据截割机器人结构及组成原理,将截割机器人简化为多连杆机构,建立了护盾式截割机器人运动学模型及平面力学模型,得到了截割机器人滚筒位移量与各油缸伸缩量的对应关系及滚筒截割阻力、滑台牵引力与煤岩接触强度之间的变化关系。(揭示了研究内容得到结果的普遍性与基本原理,得到的新认识)

2)建立了截割机器人虚拟样机模型,完成了不同截割速度、截割深度、煤岩硬度下截割能力仿真分析。当截割速度一定时,截割力随煤岩硬度增大而增大,且机器人截割煤岩的最大硬度为 f6。当煤岩截割硬度不变时,截割机器人的截割力随截割深度的增加而增大,且截割速度、煤岩硬度一定时,可确定截割机器人的最大截割深度。(揭示了研究内容得到结果的基本原理,建立了模型,提出了新观点)

3)试验表明建立的截割机器人的模型是正确的,试验结果与仿真结果一致,证明该方法可用于截割机器人真实截割作业控制的支撑,为煤矿巷道快速掘进截割提供理论依据。(试验与的研究工作与模型进行对比,阐述研究成果、目的、解决的问题及理论意义)

[例8]

川西坳陷中段须四段储层综合评价

1）须四段储层主要由中粒岩屑砂岩和岩屑质石英砂岩组成，孔隙类型以粒内和粒间溶孔为主，孔隙结构为微-细孔、微-细喉型，孔隙度、渗透率低，属致密储层。（揭示了研究内容的原理，提出新观点）

2）依据压实、胶结、溶蚀三种主要成岩强度计算结果和分级标准，须四段储层以中强-强压实、强胶结、弱溶蚀为主要特征，发育强压实、强压实弱溶蚀、强压实中溶蚀、中强压实中溶蚀、强胶结、强胶结弱溶蚀6种主要成岩相类型。（对研究内容进行研究得到的分类类型）

3）纵向上，下亚段压实与胶结强度高于上亚段、溶蚀程度弱于上亚段；平面上，上、下亚段储层成岩相展布特征相似。（提出新认识）

4）须四段储层分为四类，其中Ⅱ类储层物性较好，为有利储层，分布在新场构造带和中江-洛带地区，且上亚段储层物性好于下亚段储层。（阐述了研究成果、研究目的、已解决的问题及研究成果的意义）

7.2 结论撰写中存在的问题

科技期刊论文撰写中出现的问题较多，归纳起来主要包括结论似摘要、结论似引言、结论似结果、结论中引用文献、结论中有图表、结论不精练（经常能看到"通过理论分析和实验验证，可得出下列结论""基于以上结果，得出如下结论"这样的语句，应删去这些可有可无的内容）、结论不具体且不分段、结论与结语不分等。

[例1]

榆神府地区煤炭开采对地下水资源的影响

1）对地下水水资源量的影响。神府榆地区生产煤矿矿井水现状排水量约为5000万 m^3/a，其中46.6%作为生产用水回用，随着在建煤矿及规划煤矿的陆续建成投产，矿井排水量会逐步增加，增加排水量大约为1.4亿 m^3/a，50%以上的排水用于生产，合理处理利用外排矿井水可在一定程度上缓解当地水资源紧缺这一难题。（结论似引言，描述的"排水量"应为引言内容）

2）对上覆岩层含水性的影响。开采前，煤系覆岩中地下含水层含水性较好，煤层基本干燥不含水；开采中，地下含水区因采动影响，发生含水层渗漏，含水性降低；开采后，地表层和地下松散含水层低阻特性明显，含水性水平达到采前,但基岩段总体呈现为煤层顶板砂岩层含水性较弱。(结论似结果,阐述的"开采前""开采中""开采后"应为研究结果,宜放至正文中)

3)对地下水流场的影响。模拟结果表明:在自然条件及开采速度保持稳定的情况下,随着煤炭的开采,地下水位逐年递减,平均减幅约为20m/a。2018年,在矿区北部已经明显形成地下水降落漏斗,并且降落漏斗随着煤炭进一步开采会逐渐扩大,到2028年,漏斗范围持续扩大,到2048年,降落漏斗范围基本形成,并形成以井田北部为中心的新地下水流动场,直到达到新的平衡状态。(结论似结果,阐述的"模拟结果表明"部分应为研究结果,宜放至正文中)

[例2]

多点位航拍下的野外露头高分辨率三维数字模型构建

高分辨率数字露头模型以相对低的成本建立野外露头的虚拟档案。面对现实中情况复杂的野外地质露头,建立高分辨率的数字露头模型时需要根据露头的几何形态选择相应的航线采集数据。野外地质露头常见几何形态主要分为平面/准平面、曲面和三维组合面三大类,分别对应排线直拍、环飞定点环拍结合排线直拍、不同纵深环飞定点环拍结合排线直拍三种航线规划方式,进而实现完整清晰的数据采集,通过对数据采集环节的精密规划,降低了模型对软件的依赖程度。Pix4D与Reality Capture均无须跨软件交互式操作即可建立三维模型,可根据建模具体目的和要求需要选择相应软件。高分辨率数字露头模型在支撑露头的精细解剖和数据永久保存的同时,为可重现的虚拟实测(厚度、层/面理和线理等)及定量统计奠定可靠的数据基础。

例2中的文章结论很笼统、不够具体,且篇幅过长,给读者的感觉是层次不清晰、论点不明确。经编辑与作者反复沟通,对该文的结论做了修改,修改后结论归纳为以下4条,让读者感觉层次清晰、结构合理、可读性强。

修改后结论:

1)根据露头的几何形态选择相应的数据采集航线能够有效提高高分辨率的数字露头模型构建成功率。(对研究内容进行考察得到结果所揭示的原理)

2)野外地质露头常见几何形态主要分为平面/准平面、曲面和三维组合面三大类,分别对应排线直拍、环飞定点环拍结合排线直拍、不同纵深环飞定点环拍结合排线直拍三种航线规划方式,进而实现完整清晰的数据采集,通过对数据采集环节的精密规划,降低了模型对软件的依赖程度。(将不同类型的形态与先前的研究工作进行对比)

3) Pix4D 与 Reality Capture 各自优势突出,根据具体建模目的和要求选择相应软件,提高模型构建效率。(阐述论文在理论和实践方向的意义和价值)

4) 高分辨率数字露头模型在支撑露头的精细解剖和数据永久保存的同时,为重现的虚拟实测(厚度、层/面理和线理等)及定量统计奠定可靠的数据基础。(说明了研究成果、目的、解决的问题及研究成果的意义)

例 2 中修改后的结论 1 阐明了研究的主要成果;结论 2 提出了平面/准平面、曲面和三维组合面三种野外地质露头几何形态实现数据采集的过程,将不同类型形态与先前的研究工作进行对比;结论 3 阐述了论文在理论和实践方向的意义和价值;结论 4 说明了研究成果、研究目的、解决的问题及研究成果的意义。

［例3］

黄土高原采煤塌陷区村落搬迁选址的地理适宜度评价

结语: 黄土高原矿区采煤塌陷盆地村落建筑物的搬迁选址,主要考虑矿区地理环境、水文资源、交通便捷性、塌陷区相对位置等影响因素及其相对重要程度,形成综合评价体系。利用层次分析法结合专家打分法构建了黄土沟壑区村落迁址区地理适宜度的综合评价模型。实例应用表明,基于该模型通过 ArcGIS 叠加分析可便捷地进行村落迁址区地理环境的量化评价,其结果具有科学性与合理性。研究为黄土高原煤矿区村落搬迁选址的科学评价提供了有效的技术方法,具有实际应用价值。

例 3 把结论写成了结语,思路不够清晰,结构不够完整。

［例4］

大佛寺和胡家河 4# 煤润湿性对比

通过吸—疏水特征实验、煤粉末浸透速度法实验、煤—水溶液界面接触角测定实验,对大佛寺和胡家河 4# 煤润湿性进行对比,得出以下结论:

……

基于 Landsat8 数据反演地表发射率的几种不同算法对比分析

本文采用西安市 Landsat8 数据,探讨了四种基于 NDVI 的地表发射率反演算法,应用这四种算法进行了地表发射率的定量反演,并对这四种算法的反演结果进行了精度验证与比较分析。结论如下:

……

大跨矿山法隧道长距离下穿高压燃气管技术

通过优化大管棚施工工艺及施做减振孔减振等措施,结合三维建模及现场监测结果,对大跨矿山法隧道穿越高压燃气管沉降及爆破振速进行对比分析,得到以下结论:

……

例4中3篇文章的结论不够精练,均有"得出以下结论""结论如下"等描述,应删去这些可有可无的表述。

[例5]

考虑时间因素的加筋土应力—应变关系研究

1)加筋材料和填料微观应变比值只与填料和加筋材料的泊松比、弹性模量和体积占比有关,与其他因素无关,且在性质相同的填料中埋入的加筋材料弹性模量越大,该比值越小。

2)粘滞系数直接影响了加筋复合材料水平应变随时间的增长速度,而复合材料稳定后的变形值由$(E_1+E_2)/E_1E_2$和T_p时刻的应力水平共同决定。因此在选择加筋材料时,应当进行蠕变试验,以获得相关参数,选取$(E_1+E_2)/E_1E_2$较小的材料。

3)弹性变形时加筋材料的微观应力随着时间的增加逐渐减小,而加筋复合材料的水平应变则不断增加,进入塑性变形后,各组成成分的微观应力虽然不再变化但复合材料的水平应变依然不断增长,最后随着时间发展趋于稳定。在水平应变整个发展过程中以塑性阶段变形为主,且筋材蠕变对加筋土结构的变形有着重要影响。

例5中的结论不应该用抽象和笼统的语言表述,一般也不单用量符号,而宜用量名称进行表述,如将"由$(E_1+E_2)/E_1E_2$和T_p时刻的应力水平共同决定"改为"由弹性模量与复合材料处于粘弹性变形阶段时间应力水平共同决定"。

8.参考文献

由《信息与文献—参考文献著录规则》(GB/T 7714-2015)可知,科技期刊论文中引用前人发表过的观点、数据、方法、原理等都要在文中注明。严格遵守科技期刊论文中参考文献的著录规范,可以反映作者严谨的学术态度,同时可以反映科技期刊论文论点的研究进展,大多数的学术研究都是在前人研究的基础上展开的,都是前人研究成果的继承、发展与补充;科技期刊论文的参考文献能把作者的研究成果与前人的研究成果区别开来,还能表明作者的研究成果与前人的研究成果的继承性关系,避免了抄袭等学术不端行为的出现。

8.1 参考文献的著录格式

(1)专著:作者.书名［M］.出版地:出版社,出版年:起止页码.

(2)期刊:作者.文章名［J］.期刊名,出版年,卷(期):起止页码.

(3)论文集:作者.文章名［C］//主编.论文集名.出版地:出版社,出版年:起止页码.

(4)标准:制定者.编号,名称［S］.出版地:出版社,出版年.

(5)学位论文:作者.论文名［D］.存放地:存放单位,年份.

(6)专利:申请人.名称［P］.专利国别:专利号,出版日期.

(7)报告:报告人.题目［R］报告人所在地:所在单位,年份.

(8)报纸:文章作者.文章名［N］.报纸名,出版日期(版次).

(9)其他文献:作者.题名［Z］.出版地:出版者,出版年.

例如:

［1］卢进才,张洪安,牛亚卓,等.内蒙古西部银额盆地石炭系—二叠系油气地质条件与勘探发现[J].中国地质,2017,44(1):13-32.

Lu Jincai, Zhang Hongan, Niu Yazhuo, et al. Carboniferous–Permian petroleum conditions and exploration breakthrough in the Yingen‒Ejin Basin in Inner Mongolia[J].Geology in China, 2017,44(1): 13-32.

［2］蔡玥,李勇,葛善良,等.超深低渗透碎屑岩储层微观孔隙结构特征研究:以塔中顺托果勒地区柯坪塔格组下段为例[J].石油天然气学报,2014,36(8):12-17.

CAI Yue, LI Yong, GE Shanliang, et al. The microscopic pore structural characteristics of ultra‒deep low permeability clastic reservoirs:By taking the lower member of Kepingtage Formation in Shuntuoguole Region of central Tarim Basin for example[J]. Journal of Oil & Gas Technology, 2014,36(8):12-17.

［3］HUA C,CHANGSONG L ,ZHONGMIN Z,et al.Evolution and controlling factors of the gravity flow deposits in the Miocene sequence stratigraphic framework, the Lower Congo‒Congo Fan Basin, West Africa［J].Petroleum Exploration and Development,2021,48(1):146-158.

［4］DUFRESNE A, WOLKEN G, HIBERT C, et al. The 2016 Lamplugh rock avalanche, Alaska: Deposit structures and emplacement dynamics [J]. Landslides, 2019, 16(12): 2301-2319.

[5]马龙.查干凹陷含油气系统特征及油气勘探目标评价[D].北京:中国石油大学, 2001.

Ma Long. Characteristics of hydrocarbon bearing system in Chagan depression and evaluation of oil and gas exploration targets[D].Beijing:China University of Petroleum (Beijing), 2001.

[6]刘家易.珊瑚砂地基中 X 形桩竖向承载特性试验研究[D].重庆:重庆大学,2018.

LIU Jiayi.Research on vertical bearing properties of X-section pile foundation in calcareous sand[D]. Chongqing:Chongqing University,2018.

[7]高新波.模糊聚类分析及其应用[M].西安:西安电子科技大学出版社,2004.

[8]刘国强.岩性油气藏的测井评价方法与技术[M].北京:石油工业出版社,2005.

[9]陈鹏.中国煤炭性质、分类和利用[M]. 北京:科学出版社, 2007.

上述例子中,文献[1][2]为中文文献格式与中英文对照参考文献格式,参考文献[3][4]为英文参考文献格式,参考文献[5][6]为硕士、博士学位论文的格式,参考文献[7][8][9]为专著的格式,其他著录格式在这里就不再一一举例说明了。

8.2 参考文献的著录要求

科技期刊论文参考文献著录不仅可以体现科学依据,还可以反映作者严谨的工作态度,通过参考文献达到作者与读者资源共享的目的。著录时要著录最新发表的、作者精选的、最有必要著录的、在文中直接引用的参考文献;未公开发表的资料、报告不宜作为参考文献,应著录公开发表的科技期刊论文、专著、论文集、标准、学位论文、专利、报纸文章等;科技期刊论文参考文献按照国际标准和国家标准著录,便于检索。

科技期刊论文梳理参考文献的目的是梳理所选学术问题的历史发展脉络,充分肯定前人的研究进展、研究成果和学术贡献,最根本的目的是发现前人研究中存在的问题,从而为自己的研究找到突破口。

　　科技期刊编辑参考文献在进行顺序编码时,要将参考文献按照在正文中出现的顺序用阿拉伯数据连续编码,序号置于方括号内,并以上角标形式标注,若据某一具体参考文献时进行描述时,可不用上角标。

　　例如:

　　……通过现代辫状河、野外露头与测井特征,研究水动力条件对心滩各部位及粒度发育特征的影响,横向上将心滩分为心滩主体、滩头、滩翼、滩尾四部分[1-4]。

　　……根据心滩内部夹层发育位置,垂向上将夹层分为落淤层、串沟、坝间夹层、道坝转换夹层四种类型[5-9]。

　　……采用岩性分类方法将夹层分为泥质夹层、钙质夹层二种类型[10-12]。

　　……认为落淤层为心滩内部主要夹层,根据落淤层产状及平面分布提出近穹窿式、近水平式和单向倾斜式三种类型[13-14]。

　　……对心滩内部沉积发育特征进行解剖,按加积作用对心滩层理影响分出垂向加积、辫状-曲流转换、偏心半椭球、复杂构型四种心滩模式[15]。

　　……提出根据心滩不同部位测井曲线、发育模式及沉积特征不同,以测井响应特征、落淤层发育位置以及垂向微相叠置模式实现心滩构型表征[16]。

　　……等基于灰色理论对辫状河现代沉积进行测量,采用相控与随机建模相结合方法建立夹层夹层空间分布特征三维地质模型[17-18]。

　　……通过总结辫状河心滩长宽比、长厚比、宽厚比来实现定量表征,范文田等对心滩的规模研究与现代辫状河心滩卫星数据,预测心滩长宽比3:1~1.6:1、长厚比约80:1~135:1、宽厚比约60:1~85:1,心滩长度为300~700m、宽度为240~450m[19-24]。

　　据文献[23]可知,根据沉积物理模拟实验,构建心滩砂体宽厚比为80~100、长宽比为1~3的心滩砂体构型参数模型。

　　上文中,[1-4][5-9][10-12][13-14][15][16][17-18][19-24]等均以上角标形式出现,[1-4]是指参考文献[1][2][3][4],因为序号是连续的,只取首位号,中间用连字符"-"连接;序号[23]作为行文语句的组成部分,不排成上角标。

　　科技期刊编辑选择有代表性的文献,即在权威刊物上发表的论文和权威论著,这些论文、论著代表了学术发展的基本状况,最好不要将低质量刊物上的文章都罗列出来;选择有代表性的作者的论文,也就是权威学者,或者是活跃在学术界

的作者的论文、论著,这些论文论著同样也代表了学术发展的基本态势。例如:

……是三角洲前缘砂体受重力流作用被搬运沉积至深水环境所形成,此类块状砂体通常储集性佳,周围泥岩的封堵使之成为优秀的油气储集单元[1-4]。

……深水沉积物重力流及其潜力巨大的油气地质意义是目前油气勘探的新方向,受到国内外高度关注[5-6]。

……深海相与深湖相砂岩通常都被解释为浊积岩,浊积扇或海底扇模式成为当时的研究热点[7-12]。

……"鲍玛序列"和"浊积扇理论"在指导深海油气勘探时逐渐显示出了局限性[13-14]。20 世纪 90 年代,Shanmugam 提出砂质碎屑流新概念并受到广泛认可(Shanmugam,1996),传统的浊流沉积理论被部分否定,深水区发育大规模砂质碎屑流的新认识更符合人们对深水环境中沉积物搬运和沉积的理解[15-17]。

……早期研究认为它是三角洲前缘水下分流河道砂体或叠置的水下分流河道砂体,夏青松等(2007)、傅强等(2008)、郑荣才等(2006)认为长 6 发育重力流沉积的浊积岩[18-20]。

……李相博等(2014)基于 Shanmugam 的砂质碎屑流理论,将长 6 深水砂体重新解释为滑塌岩–砂质碎屑流–经典浊积岩的组合沉积,并确定了砂质碎屑流的块体搬运形式和凝结沉积形式,对"泥包砾结构"的成因做出解释[21]。

……杨仁超等(2014,2015)通过对长 7-长 6 油层组深湖相沉积特征精细对比,发现一种不同于砂质碎屑流沉积和滑塌浊积岩的重力流成因砂岩——异重岩[22-23]。

上述文中,参考文献[1]邓秀芹等的《鄂尔多斯盆地华庆油田延长组长 6 油层组深水沉积组合特征》、杨智等的《致密油与页岩油形成条件与甜点区评价》等文章的作者对深水沉积、优质储层的研究已得到业界认可;文献[16-17]分别为 G.Shanmugam 的 " New perspectives on deep-water sandstones: Implications " 和 "High-density turbidity currents: Are they sandy debris flows?: Perspectives",Shanmugam 提出砂质碎屑流的概念并受到广泛认可,特别是为鄂尔多斯盆地晚三叠世深水重力流沉积与油气关系研究提供了理论基础;参考文献[18-20]中夏青松等的《鄂尔多斯盆地西南部上三叠统长 6 油层组湖底扇特征》、傅强等的《鄂尔多斯盆地晚三叠世湖盆浊积岩发育特征及地质意义》、郑荣才等的《鄂尔多斯盆地白豹地区长 6 油层组湖底滑塌浊积扇沉积特征及其研究意义》等都对鄂尔多斯盆地长 6 重力流沉积的浊积岩进行了翔实的阐述和分析;文献[21]李相博等的《深水块状砂岩碎屑流成因的直接证据:"泥包砾"结构——以鄂尔多斯盆地上三叠统延长组研究为例》基于 Shanmugam 的砂质碎屑流理论,认为长 6 深水砂体为"滑塌岩—砂质碎屑流—经典浊积岩"的组合沉积,确定了砂质碎屑流的块体搬运形式和凝结沉积形式;文献[22-23]为杨仁超等的《鄂尔多斯盆地南部晚三叠世重力流沉积体系》《鄂尔多斯晚三叠世湖盆异重流沉积新发现》,揭示了异重流成因砂岩的特征与机理。上述参考文献的选择均为有代表性的论文和活跃在学术界的学者论文,代表了学术发展的学术前沿、基本态势和研究热点。

引言可以对问题的来龙去脉进行适当阐述,如在正文撰写的过程中,可以对具体的观点进行文献追溯。

例如:

《韩城地区煤层气成因类型及微生物开发潜力》一文中关于"生物成因与热成因煤层气相对含量计算"部分描述如下:

煤层气按其生成演化阶段可分为生物成因气、热成因气和混合成因气[37]。不同成因类型煤层气具有显著差异的甲烷碳同位素组成,一般认为生物成因气的 $\delta^{13}C-CH_4$ 值小于-55‰或-60‰[32]。陶明信等通过统计前人公开发表的全球 576 个煤层气中 CH_4 碳同位素数据,认为生物成因 CH_4 碳同位素组成以-70‰居多,为此,提出了-70‰作为生物成因气的端元值[38]。鲍园等通过对成煤原始物质——木本泥炭进行热解生烃实验建立了热成因甲烷碳同位素与镜质组反射率之间的关系式,由公式(1)和(2)可得到热成因气的端元值[14, 19]。

文中参考文献的引用并不在引言中,而是在正文中使用参考文献中的观点,文献[37]鲍园等的《不同成因类型煤型气地球化学特征及其判识意义》阐述了生物成因气、热成因气和混合成因气等不同演化阶段煤层气的特征;文献[32] Rice D D 的"Composition and origins of coalbed gas"分析了生物成因气甲烷碳同位素组成特征;文献[38]TAO M 的"Secondary biological coalbed gas in the Xinji area, Anhui province, China: Evidence from the geochemical features and secondary changes"提出了生物成因气的端元值;[14, 19]BAO Y 的"Geochemical characteristics and identification of thermogenic CBM generated during the low and middle coalification stages"和 STRA,POC D 的"Biogeochemistry of microbial coal-bed methane"利用热解生烃实验得到热成因气的端元值。这种方法要求作者对学术史特别是前人的学术观点十分清楚,且能够娴熟地进行论文的写作。

8.3 参考文献著录的问题

在科技期刊论文中,所参考论文和期刊的水平高低、发表的早晚可以反映出该论文研究的起点和深度。参考文献著录过程中存在的问题包括文献水平过低、发表时期过旧,用而不引;阅读过,并且使用了,但担心编辑部认为其为抄袭,不引用且不标明出处;引而不用,列出的文献和文章的关联不大,为了应付编辑部的要求引用而引用;引用不规范或不负责地引用。例如:

[例1]

陕南石煤及煤灰中磷元素的迁移规律研究

[2]刘桂建.兖州矿区煤中微量元素的环境地球化学研究[D].徐州:中国矿业大学,1999.

[8]王运泉,任德贻,谢洪波.燃煤过程中微量元素的分布及逸散规律[J].煤矿环境与保护,1995(6):25-28.

[15]煤炭科学院地质勘探分院地质研究所.中国南方石煤资源综合考察报告[R].煤炭科学院地质勘探分院地质研究所,1982.

[16]张爱云,潘治贵,翁成敏,夏荣富.杨家堡含钒石煤的物质成分和钒的赋存状态及配分的研究[J].地球科学,1982,(1):193-206,244.

[17]梁子豪.浙西北下寒武统石煤及石煤分布区植物中钒的分布特征[J].地球化学,1990,(1):54-58.

[18]雒昆利,陈德岭,葛岭梅.陕西古生界黑色岩系及煤系共伴生矿产[M].西安:西北大学出版社,1994.

例1《陕南石煤及煤灰中磷元素的迁移规律研究》一文中的6个参考文献时间都在1982—1999年,其中文献[15][16]均为1982年的考察报告和发表文献,文献[2][8][17][18]为20世纪90年代的发表的期刊论文、硕博论文及专著。从成果发表时间上看,文献过旧。

[例2]

安徽巢湖下三叠统殷坑组瘤状灰岩成因研究

地质学家们把凡是具有结核状(nodular)、眼球状(augen)或瘤状形态(kunkur)及相似形态特征的灰岩称为瘤状灰岩[1]。这种灰岩在古生代-新生代的碳酸盐岩地层中都有发现[2],在我国华北地台的上寒武统、扬子区的寒武系、上奥陶统(贵州石阡地区临乡组)、下志留统(川西北地区的王家湾组、宁强组下部、黔北、黔东北石牛栏组),中上泥盆统(滇、黔、地区桂)及下三叠统(青龙群)及古新统-始新统(西藏南部)等层位中均有广泛分布[2-4]。在国外有关瘤状灰岩的研究也很多,早在20世纪七八十年代,Bjorlykke(1973,1974)等学者就对挪威奥斯陆地区早古生代的瘤状灰岩及其成因进行了研究、Bathurst(1987)对英国志留系、石炭系及侏罗系的海蚀台地中瘤状灰岩的成因进行了详细研究[1]、Tucker(1974,2008)对法国南部及德国志留系中的瘤状灰岩也进了成因研究[5],另外,英格兰南部上白垩统瘤状灰岩[6]、地中海地区侏罗系红色瘤状灰岩[1]、约旦下石炭系地层中的瘤状灰岩[7]、英国约克郡二叠系中低镁瘤状灰岩及现代巴哈马台地斜坡的瘤状灰岩[1]都曾是学者们的研究对象。有关瘤状灰岩的成因研究,学者们曾取得过一定的认识,先后在文献中出现了以下几种成因:海底原地胶结、海底底流溶解、暴露成因、差异压溶、成岩分异、滑塌重力流等几种主要的成因机制[8-14],以往的研究成果表明沉积地层中发育的不同形态类型的瘤状灰岩其形成环境多样(浅水-深水环境均有发育)、形成时代宽泛(古生代-新生代均有)。

例2《安徽巢湖下三叠统殷坑组瘤状灰岩成因研究》一文中,文献[1][2-4]为介绍性语句,没有把文献中的主要观点概括出来,引用水平较低;文献[5][6][7]只是提到3个不同地方的瘤状灰岩,没有把文献中前人的研究进展阐述清楚;文献[8-14]概述了文献中提到的瘤状灰岩成因,但引用跨度大、引用不规范,不同的研究者已经从不同的方面做了很多研究工作,没有很好地进行引用。

[例3]

"山西式"氦气成藏模式及其意义

氦气是大国国家安全和高新技术产业发展的重要稀有战略资源,在航天、国防和高端能源系统(四代氦冷却核反应堆);半导体和光纤制造等工业领域;医学成像与深潜水等民生领域,运用广泛且不可替代[1-2]。

……2007年美国将氦气核定为战略储备资源,限制产量,2018年又列入35种关键(危机)矿种。我国氦气供应严重依赖进口,资源安全形势十分严峻。但我国陕西渭河盆地地热井伴生壳源氦气显示十分普遍,且含量之高,世界罕见,同时也是我国氦气资源少有的研究程度较高地区[3-7],因此有望在渭河盆地周缘取得的突破。

……柴达木盆地北缘、塔里木盆地麦盖提斜坡等处也发现富氦天然气藏[8-13],为我国氦气资源保障带来了希望。上述渭河、柴达木和塔里木盆地氦气资源与世界普遍发现的氦资源一样,源岩主要与花岗岩类及其变质岩相关。

例3《"山西式"氦气成藏模式及其意义》一文中,文献[1-2]描述的内容为"氦气是……,运用广泛且不可替代";而文献[1]李玉宏的《渭河盆地氦气成藏条件及资源前景》为专著,引用的程度低,没有引出主要观点;文献[3-7]为李玉宏、张文等关于渭河盆地氦气成藏条件、成因特征、赋存状态、资源量预测等方面的研究,而析出的主要观点却是"……2007年……核定为战略储备资源,限制产量,2018年又列入……我国氦气供应严重依赖进口,资源安全形势十分严峻……"没有把前人的研究进展剖析清楚;文献[8-13]只提到了"柴达木盆地北缘、塔里木盆地麦盖提斜坡等处……"没有阐述清楚前人的研究进展。由此可见,作者在使用参考文献时,存在的问题包括使用水平过低的文献;用而不引或引而不用;列出的文献和文章的关联小,最主要的问题是没有很好地领会、掌握前人的研究进展、研究观点及主题思想。

除此之外,文献的格式和规范错误包括①文献重复标注,即同一篇参考文献在文献列表中重复列注,或文中与文后文献不符,文中标注的参考文献与文后的参考文献虽然序号相同,但却不是同一个文献,这种错误隐蔽性较强;②非正式出版物作为文后文献,有的论文将未公开发表的资料或未公开出版的书籍、论文集等列为参考文献,还有的作者将自己待出版的研究成果也列为参考文献;③文献著录项目不全,文献著录项目不全或不规范是参考文献中比较常见的错误,如作者姓名、卷号和期号、出版年及页码的缺失,刊名或书名的遗漏,译著中译者姓名的缺少,出版地及出版者的漏标,文献中标点符号的错误,学位论文作者单位不详,文献题目自译等问题。

四、科技期刊论文的图件

科技期刊论文的图件具有鲜明的主题和丰富的表现形式,是内容与形式的完美统一,呈现研究内容的构成、内在联系、位置关系、量化关系等,在表达方式上更加醒目、清晰。所以,科技期刊论文的图件具有以下几方面的特点:①图件表现形式的示意性。图件的主要目的和作用是为了更加直观地突出研究内容和主题的中心思想,表达用语言文字不能清楚描述的内容,如示意图能突出主题、简化图面,函数曲线图采用简化坐标图的形式,一目了然、规律清晰。②反映内容的真实性。科技期刊论文图件内容应具有科学性、真实性,图件反映研究内容的客观规律、表现形态、数量关系、运动规律等。③语言表达的规范性。科技期刊论文图件是无字的形象语言,有利于读者、作者、编者进行学术沟通,也是读者、作者、编者之间最直观、最醒目的共同语言。

1.示意图

示意图主要用于定性描述结构轮廓、工作原理、系统框架、程序图示及网络图示等。

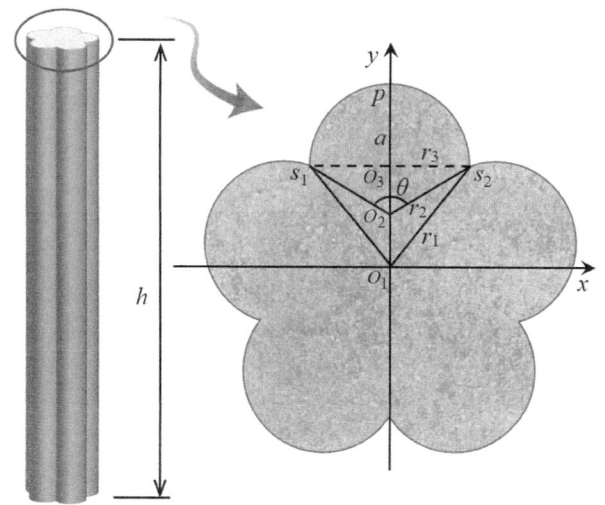

图 4-2　梅花型桩及横截面示意图(据邓友生等,2023)

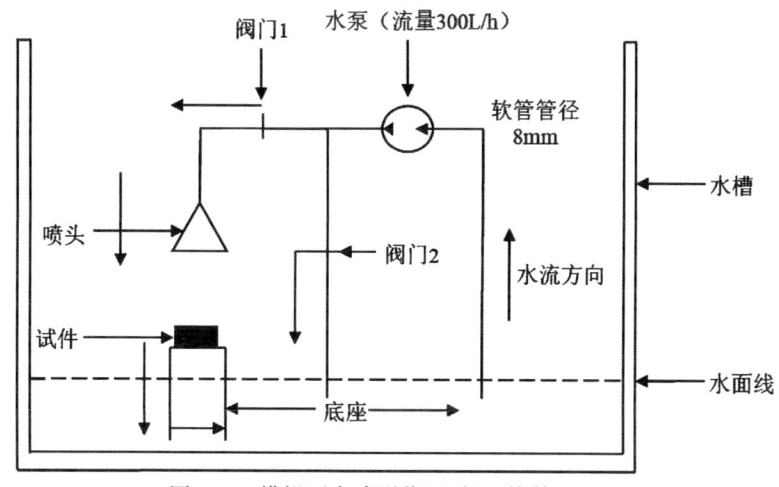

图 4-3　模拟雨水冲刷装置(据王锋等,2022)

图 4-2、图 4-3 为结构示意图,图 4-2 中截面的 2 个控制变量为梅花型桩

截面外切圆的半径 a 及开弧弧度 θ,其中 O_1、O_2、O_3 和 r_1、r_2、r_3 分别为开弧弧度 θ =72°、72°< θ <180°和 θ =180°时对应圆的圆心和半径,S_1、S_2 为梅花型桩截面的尖角点,P 为梅花花瓣与外切圆的切点,h 为梅花型桩桩长。图 4-2 为用线条展示的截面的 2 个控制变量,用文字难以描述,做成示意图能清楚地阐述截面的 2 个控制变量之间的关系。图 4-3 模拟雨水冲刷装置图为模拟降雨冲刷试验,以年降雨量 1000mm 为基准,模拟五年降雨量对蓄盐沥青混凝土的冲刷。图 4-2、图 4-3 均为结构示意图,结构合理、内容简化、重点突出、关系明确,图中可以标明名称或说明性词语、词组,说明性词语、词组可以置于图形的下方或者左右两侧。

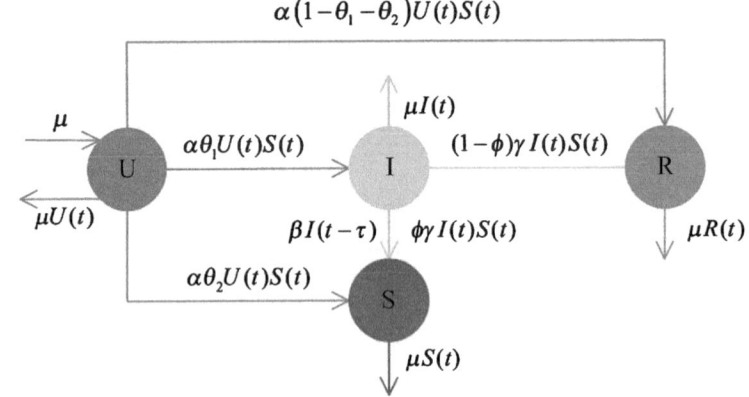

图 4-4　突发谣言传播模型示意图(据王鹏翔等,2023)

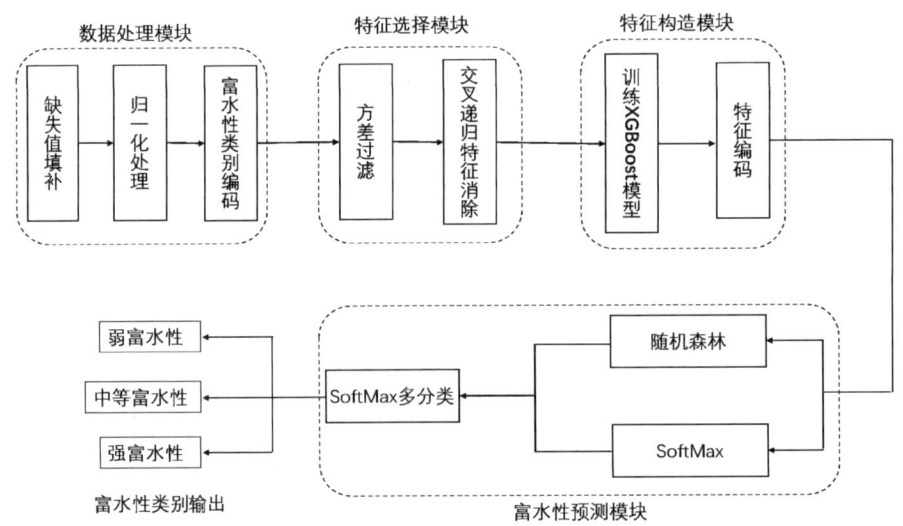

图 4-5　风化基岩富水性预测流程(据罗晓霞等,2022)

图 4-4 与图 4-5 为工作原理或工作流程示意图。图 4-4 为突发谣言传播

模动力学模型示意图,图中 $U(t)$、$I(t)$、$S(t)$、$R(t)$ 表示时刻 t 时各群体的占比,$U(t)$ 为无知者群体,$I(t)$ 为关注者群体,$S(t)$ 为顽固传谣者群体,$R(t)$ 为移除者群体。"图 4-5 风化基岩富水性预测流程"利用 XGBoost 模型构造高级特征,基于 Stacking 方式融合随机森林和通过 SoftMax 完成对富水性类别的预测,数据处理模块、特征选择模块、特征创造模块和富水性预测模块流程清晰。图 4-4、图 4-5 这类图用于描述工作原理、工作流程、工作过程、工作状态等内容。

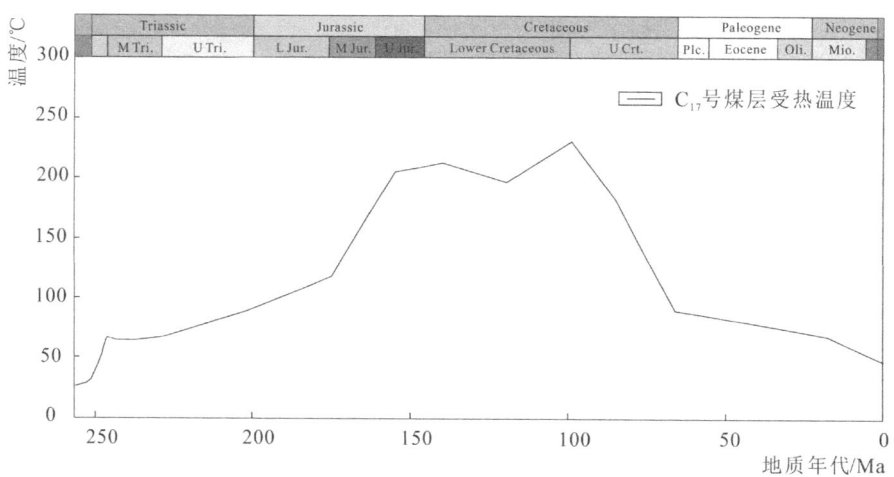

图 4-6　川南煤田古叙矿区龙潭组煤层受热史演化特征(据唐胜利等,2021)

图 4-6 为川南煤田古叙矿区龙潭组 C_{17} 号煤层自晚二叠世沉积开始以来受热演化历史曲线,受热温度表现为"先升后降—再升再降—后再升再降"的变化趋势,反映受热温度随地质年代变化的记录谱系。

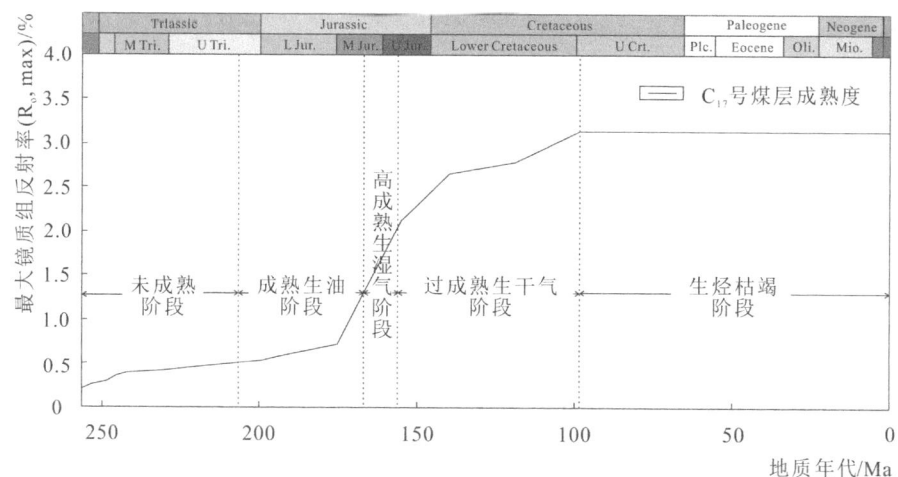

图 4-7　川南煤田古叙矿区龙潭组煤层成熟生烃史演化特征(据唐胜利等,2021)

图4-7体现了C$_{17}$号煤有机质成熟生烃过程不同地质演化时期的镜质体反射率变化趋势,反映镜质体反射率随地质年代变化的记录谱系。

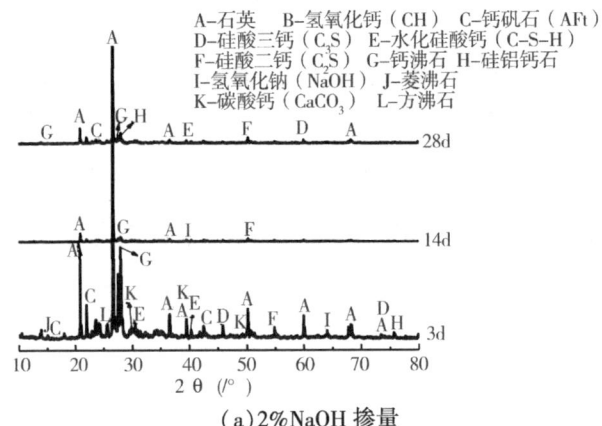

(a)2%NaOH 掺量

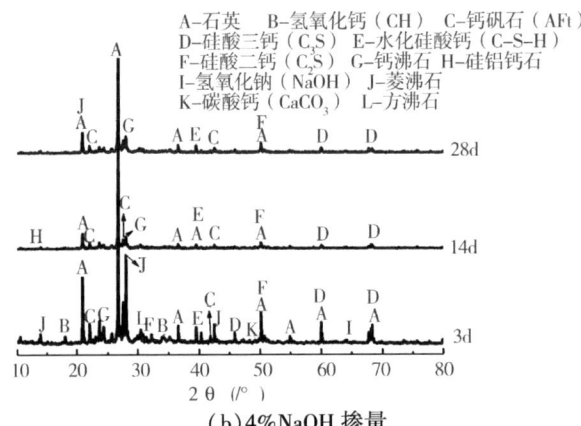

(b)4%NaOH 掺量

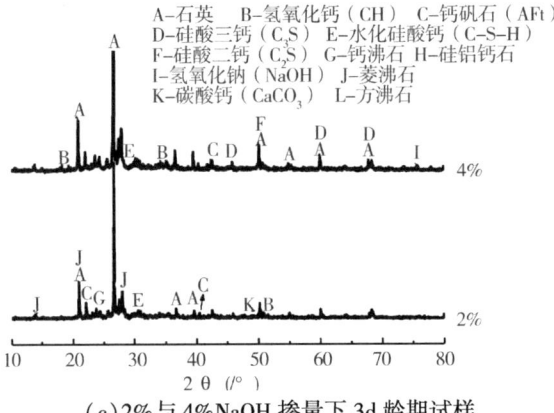

(c)2%与4%NaOH 掺量下 3d 龄期试样

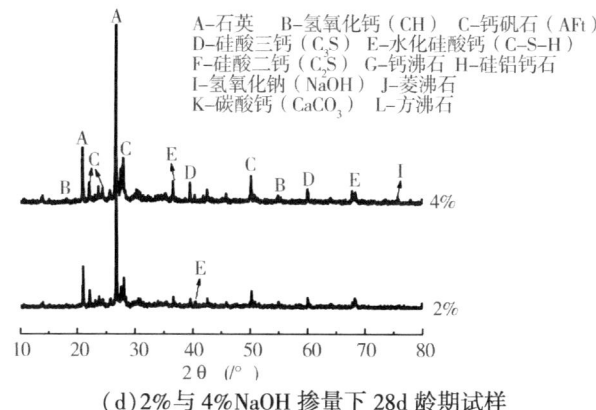

A—石英　B—氢氧化钙（CH）　C—钙矾石（AFt）
D—硅酸三钙（C₃S）　E—水化硅酸钙（C-S-H）
F—硅酸二钙（C₂S）　G—钙沸石　H—硅铝钙石
I—氢氧化钠（NaOH）　J—菱沸石
K—碳酸钙（CaCO₃）　L—方沸石

（d）2%与4%NaOH掺量下28d龄期试样

图4-8　不同龄期试样 XRD 图谱（据关虓等，2020）

图4-8为谱系曲线图，对 NaOH 掺量为2%和4%的煤矸石胶砂试块在养护3d、14d、28d 的龄期下分别做 XRD 分析谱系曲线图，再对2%和4%掺量的NaOH 煤矸石胶砂试块在3d 和28d 的试样对比做 XRD 分析谱系曲线图。

图4-6、图4-7、图4-8为记录谱系曲线图，具有清晰的纵横坐标标目、标数、纵横坐标名称及单位，反映具有相关性的研究内容的变化规律。

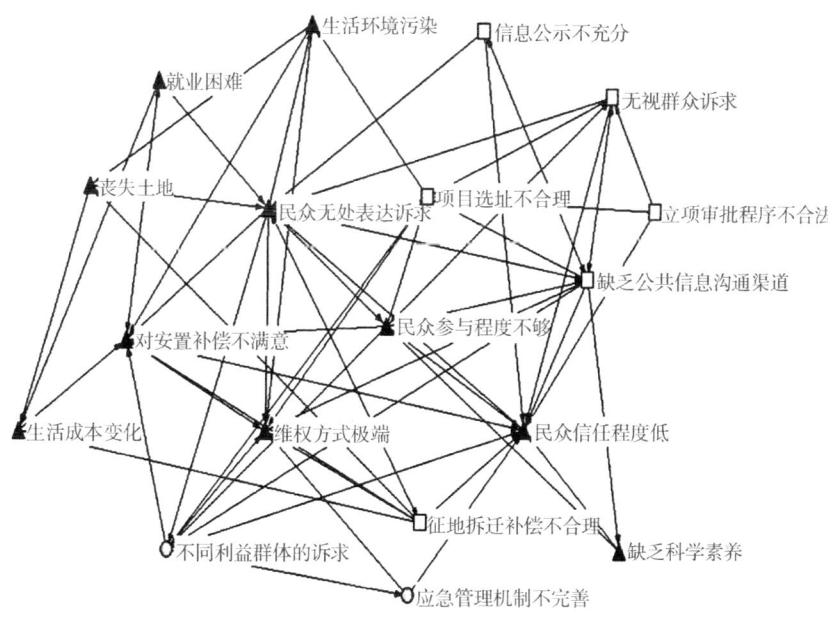

图4-9　能源矿山稳定风险网络模型（据张娜等，2023）

图4-9为网络图，运用可视化软件工具，将邻接矩阵转化为风险网络模型图，图中每一个箭头都表示风险的传递，箭头代表风险的发出者，箭尾代表风险

的接收者。网络图是将中心内容分割成若干个单元,按照每个单元的性质和顺序组成一个具有联系的逻辑网络,进一步分析各个环节之间的内在联系、逻辑关系与相互影响。

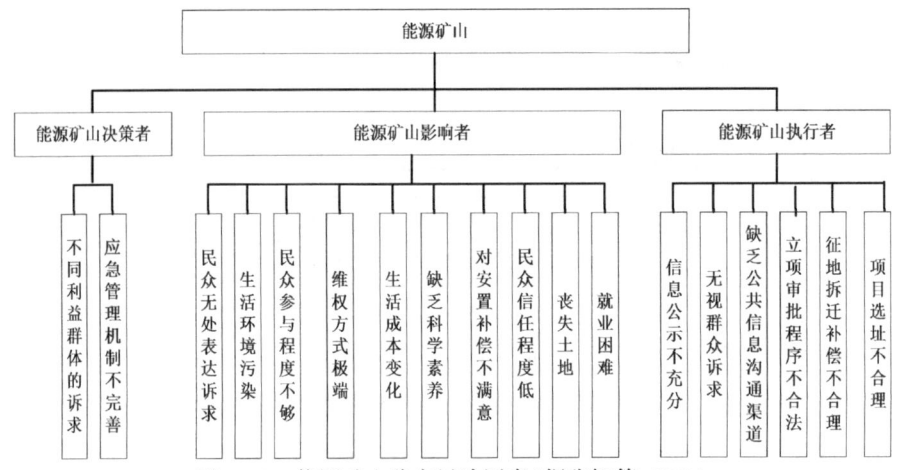

图 4-10　能源矿山稳定风险因素(据张娜等,2023)

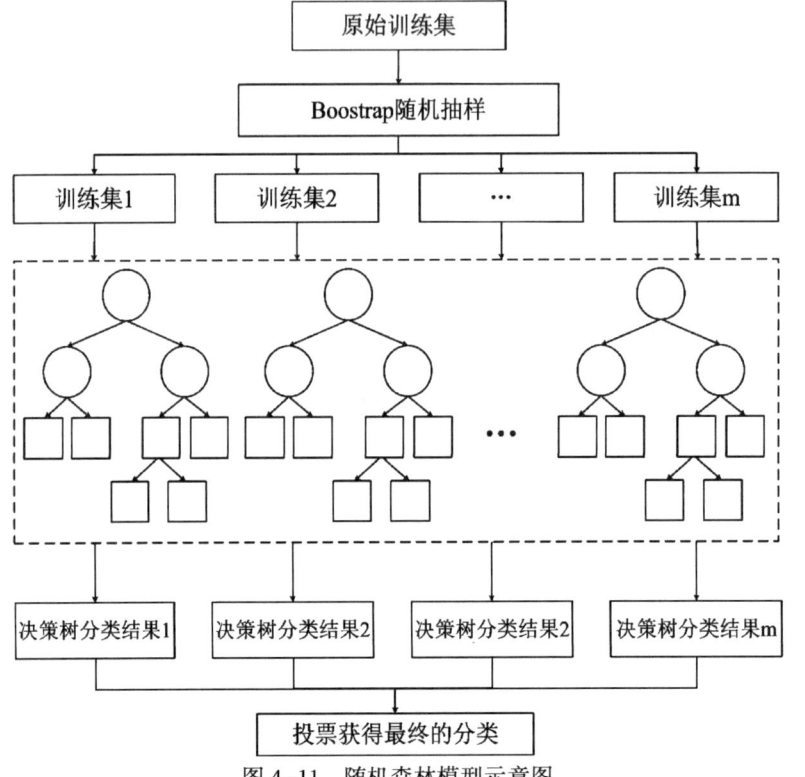

图 4-11　随机森林模型示意图

图 4-10 为系统方框示意图,将识别能源矿山的三个利益相关者为决策者、影响者和执行者作为能源矿山风险评价指标体系的 I 级指标,对 I 级指标所引发的稳定风险因素进行细化,确定评价指标体系的 18 项 II 级指标。图 4-11 对原始样本进行有放回的随机抽样,得到新的训练集,针对每个训练集,构造一棵决策树分类器,得到决策树分类结果。

系统方框示意图用表达方式规范、体例表现一致、安排合理的文字、符号等方框,选取主题内容的主要部分的名词或名词性词组作为构成部分,对研究内容工作过程或者中心内容进行抽象、合理的描述。

2.直方图

直方图用宽度相同、高度不同的直方框表示不同类型的参数,横坐标反映不同或不同类型的比较对象,纵坐标表示不同或不同类型的比较对象的数量关系,直方框也可以颜色表示不同类型,也可用横线、竖线、斜线或其他图案将不同的量进行区分。直方图要标出图例,表示量时尽可能给出纵横坐标的名称与单位,绘图时尽量规范、美观、大方。

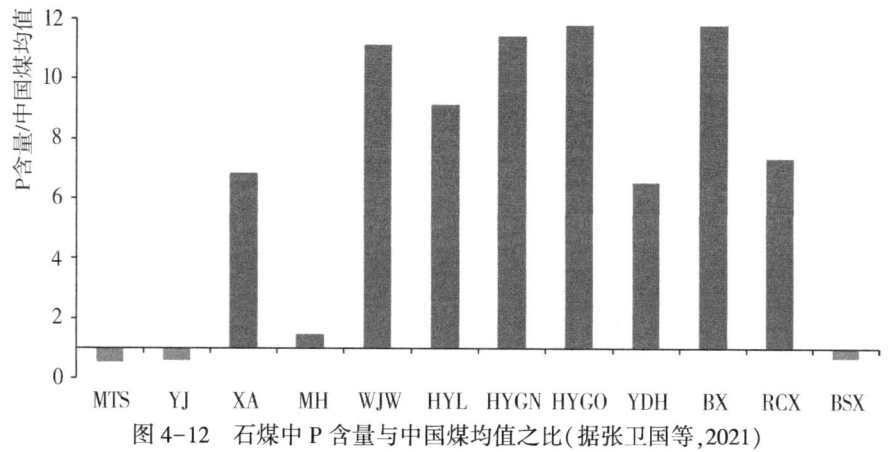

图 4-12　石煤中 P 含量与中国煤均值之比(据张卫国等,2021)

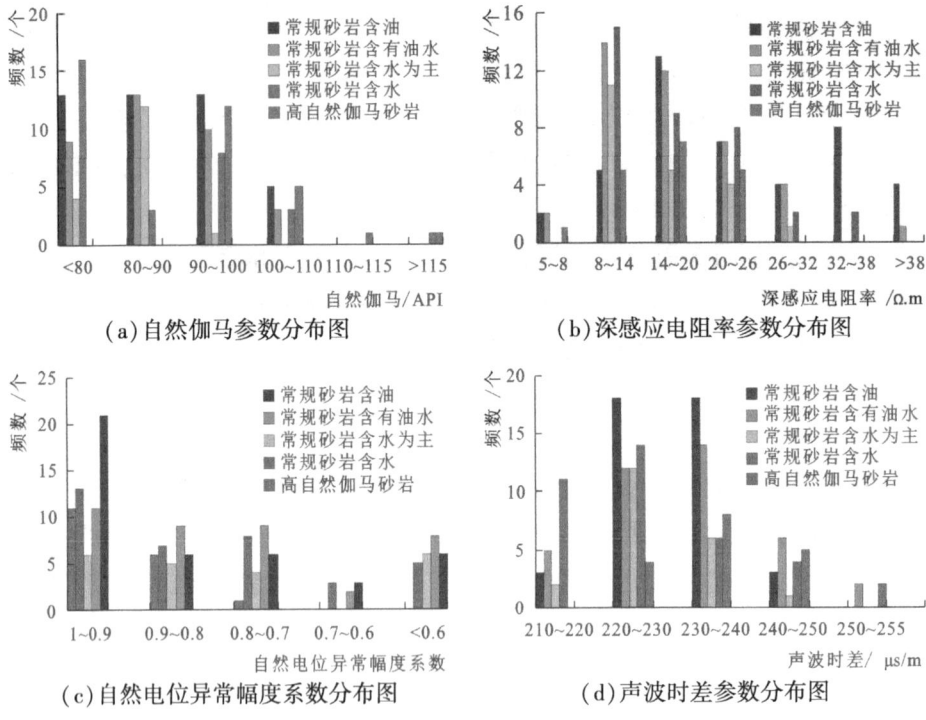

图4-13 常规砂岩、高自然伽马砂岩的常规测井参数分布特征(据师学耀等,2023)

图4-12为陕南石煤中磷(P)含量与中国煤均值的比值,显示绝大部分石煤样品中磷含量超过了中国煤中磷均值,一半以上达到了中国煤中磷均值5倍以上,陕南石煤中含有高含量的磷元素特征显而易见,具有燃烧后向石煤灰中富集(迁移)的趋势;图4-13为常规砂岩含油、常规砂岩含有油水、常规砂岩含水为主、常规砂岩含水与高自然伽马砂岩的自然电位、自然伽马、声波时差、深感应电阻率等常规测井参数分布特征直方图。

3.等值线图

等值线图用线条反映某一研究内容数值在平面上的分布特征,每一条等值线代表的量值是相等的。等值线平面图上可以反映研究区内该量值的分布规律,等值线的密集与稀疏反映出量值的平面特征。例如,砂体厚度等值线图、泥岩厚度等值线图、煤层厚度等值线图、砂地比等值线图等。

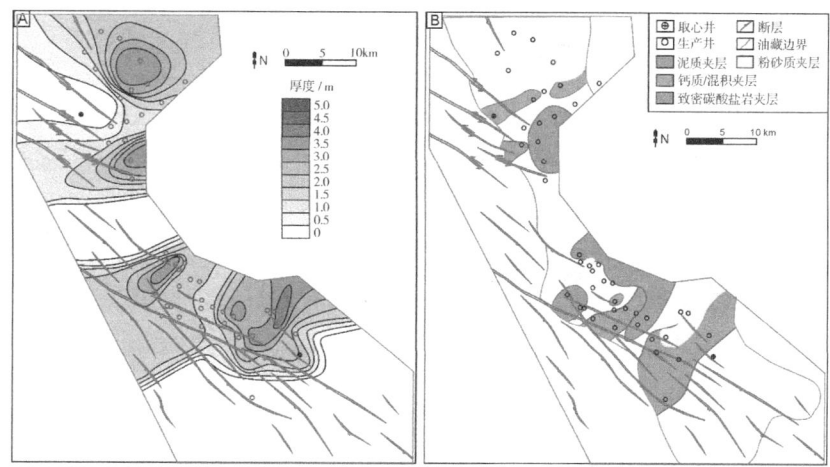

图 4-14　Asmari 组 B_{1-2} 小层及夹层平面分布图(据伊硕等,2021)

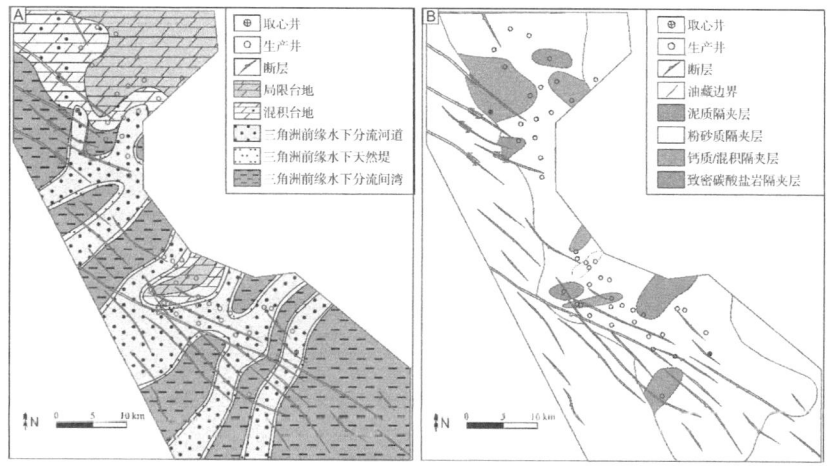

图 4-15　Asmari 组 B_{1-3} 小层沉积相(A)及夹层平面分布(B)(据伊硕等,2021)

　　图 4-14 在单类夹层等值线厚度分布基础上,选取不同类别夹层分布进行叠加得到各小层的有效夹层平面分布范围,夹层在平面上分布极不规则,隔夹层类别的多寡受控于沉积环境。图 4-15 在单类夹层等值线厚度分布的基础上,依据有效隔挡下限的取值范围,选取不同类别夹层分布进行叠加得到各小层的有效夹层平面分布范围,研究区内隔夹层主要呈条带状或孤立的土豆状分布,空间展布较为零散。

　　图 4-14、图 4-15 均为不同研究主题内容的等值线图,反映研究区内夹层平面分布规律,夹层平面等值线密集与稀疏程度反映夹层厚度的变化特征。

4.函数曲线图

科技期刊论文图件中最常用的是函数曲线图,它具有内涵清晰、图件简洁、规律性强、作图简单、使用灵活等特点。函数曲线图必须标出纵横坐标名称、标目、标线与标数。科技期刊论文函数曲线图的标目通常采用"量名称或量符号/单位符号"形式,如砂厚/m、渗透率/$10^{-3}\mu m^2$、孔隙度/%、测井密度 g/cm^3、自然伽玛/API、声波时差/$\mu s/m$、电阻率/$\Omega \cdot m$ 等。有些标目由标识信息或标识特征明显的词或词组构成,如横坐标值自左向右为 2017, 2018, 2019, 2020, 2021……那么标目为"年份";如果横坐标值自左向右为 8:00,8:30,9:00,9:30,10:00,10:30……则标目为"时刻";如果横坐标值自左向右为 07-10,07-11, 07-12,07-13,07-14,07-15……则标目为"日期"。

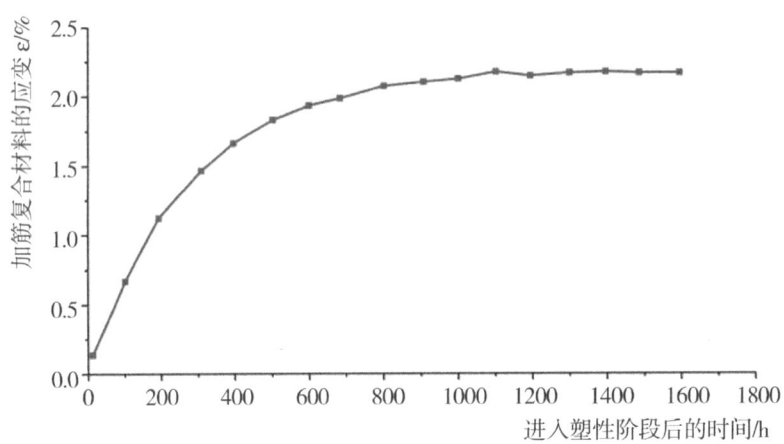

图 4-16　加筋复合材料水平应变与时间的关系(据庞传山等,2020)

从图 4-16 中可以看出,当加筋复合材料进入弹塑性变形阶段后,水平应变的增长速度在最初的 600h 内相当之快,而在 600h 之后则明显放缓,时间达到 1000h 之后水平应变的变化程度非常之小,数值也逐步趋于稳定。

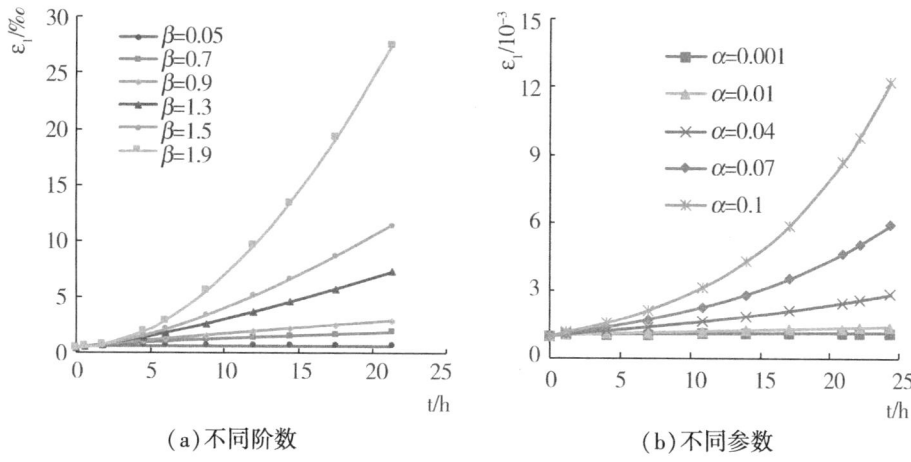

（a）不同阶数　　　　　　　　（b）不同参数

图 4-17　三轴压缩蠕变曲线（据刘朝科等,2020）

从图 4-17(a)中可以看出,随着阶数 β 的增大,蠕变速率呈现增大趋势。由图 4-17(b)可知,模型参数随着时间变化衰减速率越快,砂岩的损伤速率也越大,参数 α 的大小能较好地反映不同阶段的损伤演化规律。

从图 4-16、图 4-17 可以看出,这些由时间变化组成的标目都由标识信息或标识特征明显的词或词组构成,可以反映随时间变化不同量的变化趋势。

科技期刊论文函数曲线图的标目应与坐标轴平行。对于横坐标的标目要相对于坐标轴左右居中,对于纵坐标的标目顶左底右、上下居中。

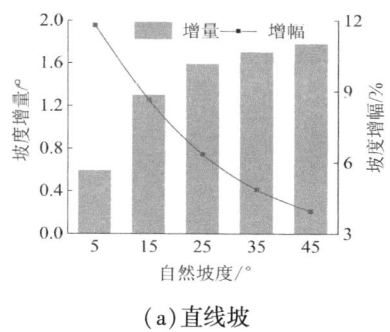

（a）直线坡

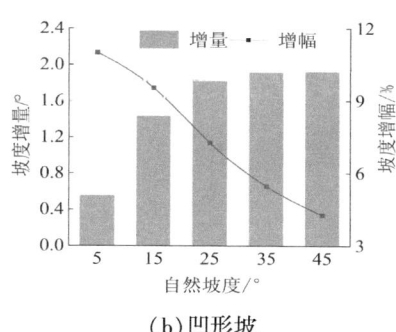

（b）凹形坡

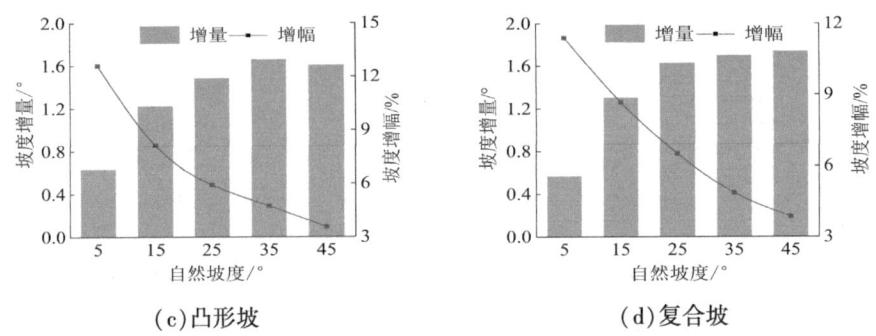

（c）凸形坡　　　　　　　　　　　　（d）复合坡

图4-18　相同坡形黄土坡面的坡度增量与增幅（据宋世杰等，2023）

图4-18根据数值模拟提取的模型数据计算了充分采动后各模型的坡长减小量和降幅，根据相同自然坡形、相同自然坡度下坡长减小量及降幅的变化曲线，分析相同自然坡形、相同自然坡度下坡长的变化特征及规律。

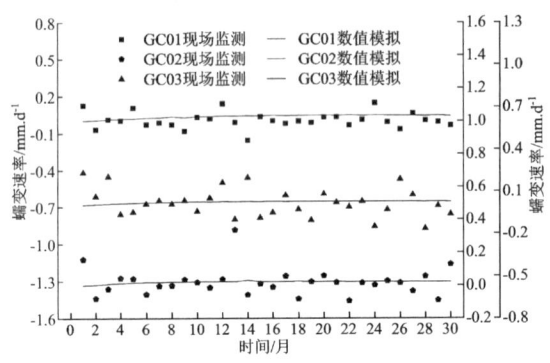

（a）表面位移监测数据与数值模拟结果对比

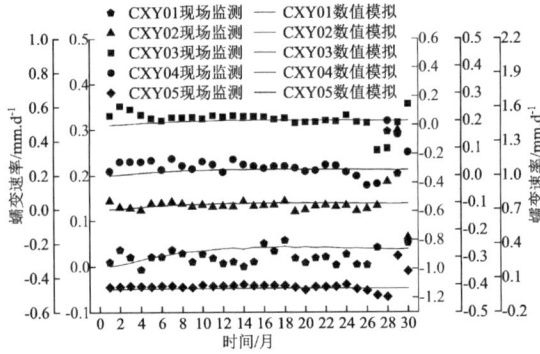

（b）深部位移监测数据与数值模拟结果对比

图4-19　监测数据与数值模拟结果对比（据李昂等，2023）

图4-19表明表面蠕变位移速率的现场实测数据较为离散，以数值模拟的

蠕变位移速率为中心上下波动,且累计位移量较小;深部位移监测点位移速率总体上呈现稳定的状态,监测点位移规律基本相同,古滑坡较为稳定。

图4-18、图4-19说明了纵横坐标的标目与坐标轴的关系、位置与作图原则。科技期刊论文函数曲线图的曲线表示自变量与因变量之间的关系,该曲线图在理论分析中起着不可或缺的作用。函数曲线比数据更直观地反映数据或者研究内容的一般规律,有助于减小误差,是作者进行理论分析时强有力的工具。

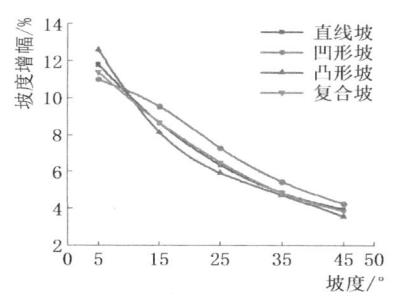 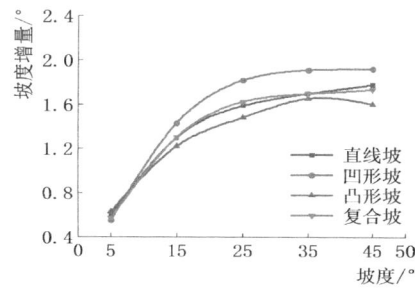

图4-20　相同坡度黄土坡面的坡度增幅、增量(据宋世杰等,2023)

图4-20表明在相同自然坡度下采煤沉陷对不同形态黄土坡面坡度的影响,反映坡度增幅、增量随着自然坡度的增大表现出的分化特征。

曲线拟合是科技期刊论文常用的函数曲线图,曲线拟合是根据试验数据或者观测数据来反映二者之间的关系。拟合曲线与理论曲线是无法比较的,一般用拟合曲线与试验数据相对应的点的误差来衡量拟合精度。为增加拟合度,可在某个研究内容上做多次试验,采用数理统计的分析方法确定拟合曲线,分析其可靠程度。

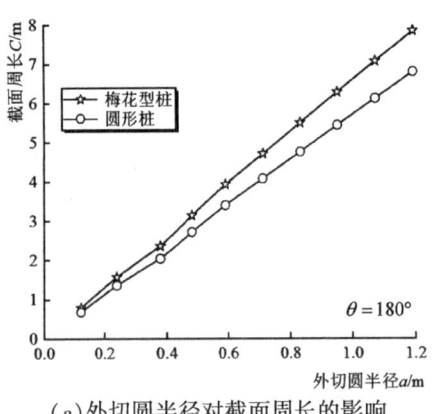 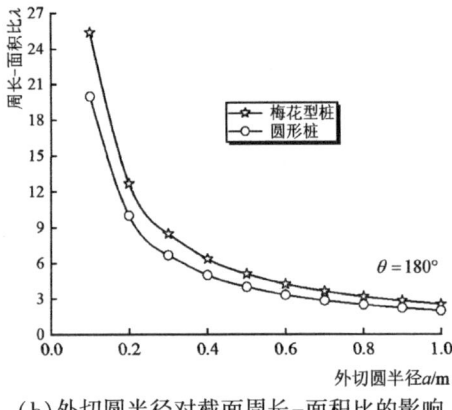

（a）外切圆半径对截面周长的影响　（b）外切圆半径对截面周长−面积比的影响

图4-21　外切圆半径与截面周长—面积比的关系（据邓友生等，2023）

图4-21（a）反映了截面周长与面积比随着外切圆半径的变化规律；图4-21（b）反映了外切圆半径的变化与截面周长、截面面积之间的变化规律。

5.照片图

科技期刊论文中的照片图具有形象逼真、立体感强、层次多变的特点。实物照片中的主体要突出，居于主要位置，衬体起点缀和补白作用，居于次要位置；显微照片或者电子显微照片要标明放大的倍数。照片图后要注明照片编号、实物的现象、照片来源等信息。

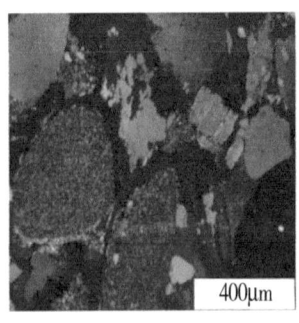  

（a）燧石岩屑含量高，方解石胶结物，Y30井，2537.82m，正交偏光，400×

（b）高岭石、伊利石充填孔隙，Q38井，2862.70m，正交偏光，400×

（c）铁方解石斑状充填孔隙，部分成连晶状，Q44井，3021.20m，单偏光，100×

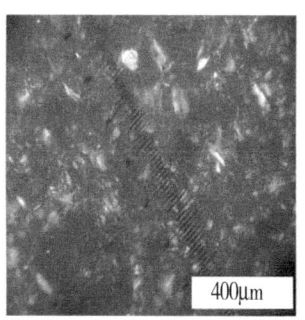

（d）方解石连晶式胶结，
M138 井,2816.98m,正交偏
光,400×

（e）黄铁矿不均匀分布,岩性
致密,M109 井,2384.23m,单
偏光,400×

（f）地开石,结晶呈鳞片状
集合体,M138 井,2820.12m,
显微镜,400×

图 4-22　本溪组砂岩储层岩石学显微特征（据黄道军等,2023）

"图 4-22 本溪组砂岩储层岩石学显微特征"反映了研究区不同类型屑种发育特征和含量,图中每一幅显微照片都有比例尺,反映岩屑的大小和规模,照片中岩屑的主体内容位于照片图的中心位置,内容突出、主题分明、形象逼真、效果理想。

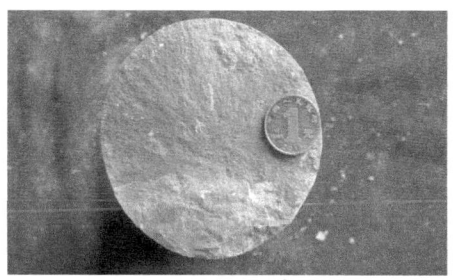

（a）直立虫孔,镰 27 井,3-31/36,长 6^1

（b）直立虫孔,郝 900 井,2-5/32,长 6^2

（c）直立虫孔,杏 5004 井,2-10/38,长 6^1

（d）反粒序,坪 270 井,2-19/32,长 6^1

图 4-23　长 6 油层组湖岸线以下的沉积构造（据张金良等,2022）

图 4-22 为岩芯照片图,岩芯照片上直立虫孔等反映湖岸线以下的沉积构造位于照片的显著位置,且附有明显的比例尺,相关沉积构造清晰地反映了湖岸线以下的沉积构造特征。

6.柱状图

科技期刊论文中柱状图应用比较广泛,特别是在地质类论文中,地层柱状图表征地层发育特征及演化规律。钻井柱状图、野外露头柱状图、岩芯柱状图等都表示某一点的分层、物性、电性及含油性的特征、演化规律等地质相与测井相的关系。柱状图是可以将多种地质因素综合反映到一张图上面,将垂向上各种数据与反映地质事件垂向演化规律的基础图件表示出来,也是绘制剖面图与平面图的基础(郑秀娟,2013)。

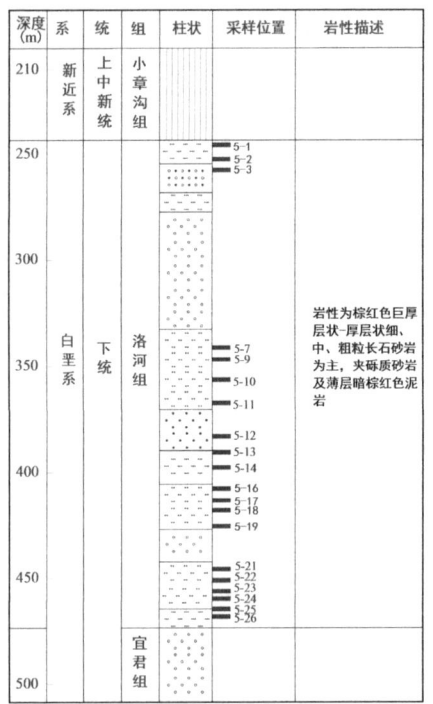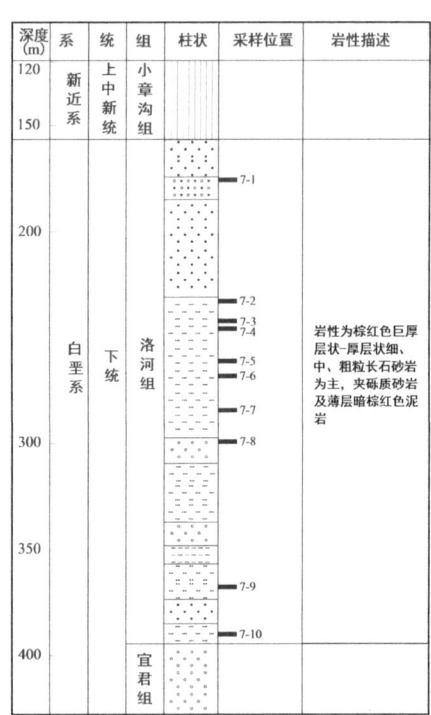

图 4-24　大佛寺矿区 D40302(左)和 D40307(右)钻孔柱状图及采样位置(据蔡玥等,2023)

图 4-24 为 D40302 和 D40307 两口钻井地球化学测试样品的采集位置,从洛河组底板至顶板,总计 30 件样品的侏罗系煤层与主要隔水层岩性特征及岩性描述,比较直观地阐述了不同层组之间的岩性特征及变化规律,反映了垂向

上各种数据变化与地质事件演化规律。

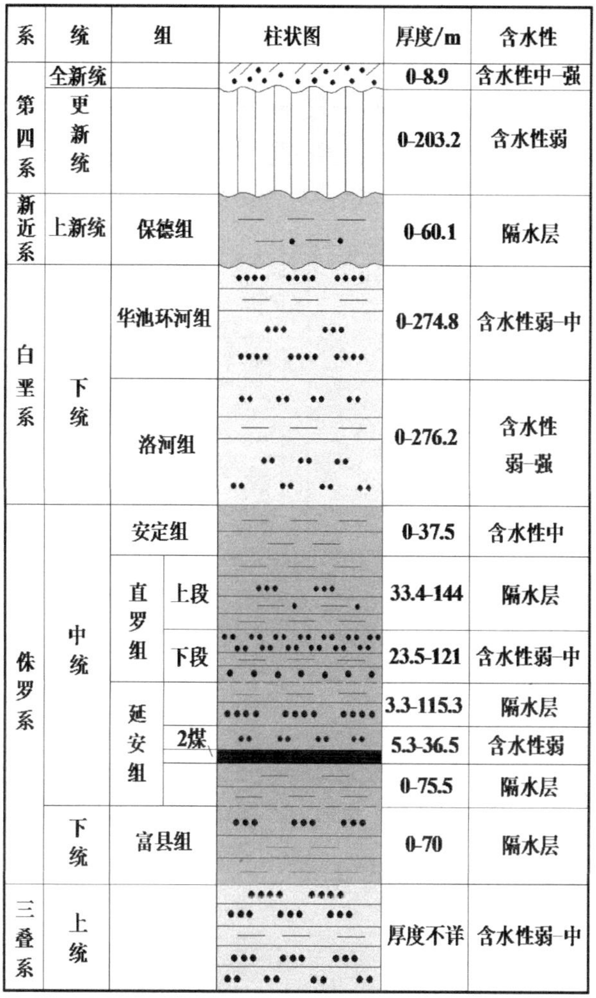

系	统	组		柱状图	厚度/m	含水性
第四系	全新统				0-8.9	含水性中—强
	更新统				0-203.2	含水性弱
新近系	上新统	保德组			0-60.1	隔水层
白垩系	下统	华池环河组			0-274.8	含水性弱—中
		洛河组			0-276.2	含水性弱—强
侏罗系	中统	安定组			0-37.5	含水性中
		直罗组	上段		33.4-144	隔水层
			下段		23.5-121	含水性弱—中
		延安组			3.3-115.3	隔水层
			2煤		5.3-36.5	含水性弱
					0-75.5	隔水层
	下统	富县组			0-70	隔水层
三叠系	上统				厚度不详	含水性弱—中

图4-25　综合水文地质柱状图(据冯洁等,2019)

从图4-25可以看出含煤组、岩性组合及含水层的发育位置、岩性特征、厚度、含水性等垂向发育特征。图4-25表征了不同层位的分层、岩性的特征、演化等,将岩性、厚度、含水性等多种地质因素综合反映到这张图上。此图是反映地质事件垂向演化规律的基础图件。

7.剖面图

科技期刊论文剖面图反映研究内容的层次结构,特别是地质体的横向、纵向延伸和不同演化阶段的划分与规律的分析,通过对地质体在侧向上的变化特征与垂向上的叠加样式进行研究,分析不同时期的控制因素与主要特征,如连井剖面图、野外露头剖面、地震剖面图等,能够表现出地质体的侧向变化特征、层次结构特征、演化规律与演化阶段划分、控制因素、叠加关系等。科技期刊论文剖面图中的连井剖面图、野外露头剖面是在钻井单井柱状图、野外露头点的剖面图的基础上绘制的,具有比例合理、重点突出,且能反映横向演化规律的特点(郑秀娟,2013)。

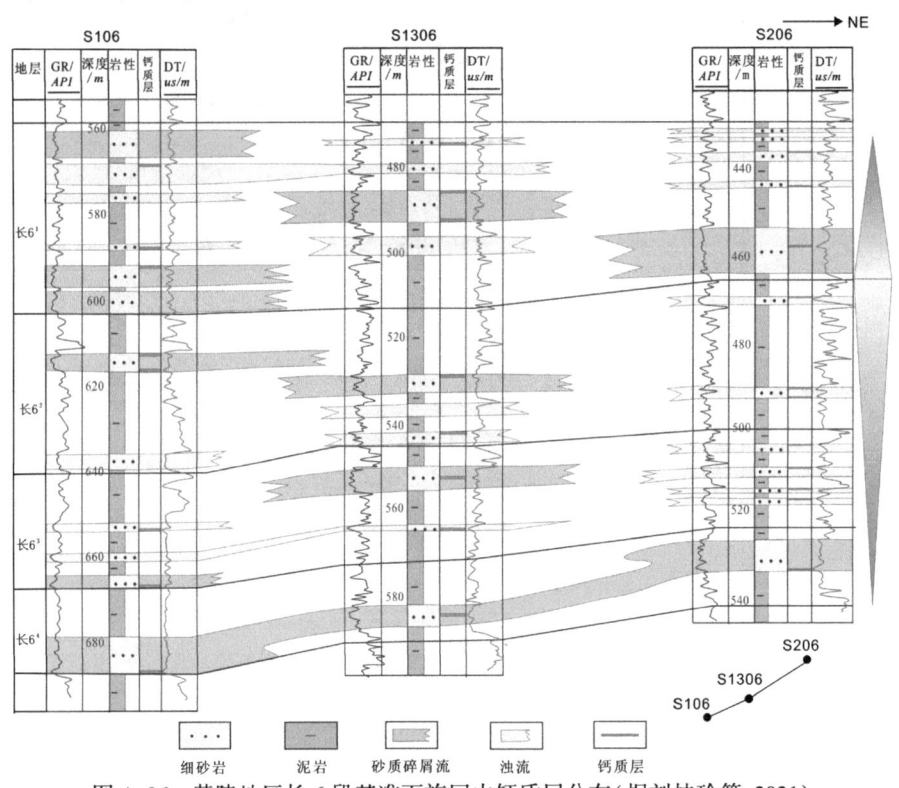

图 4-26　黄陵地区长 6 段基准面旋回内钙质层分布(据刘桂珍等,2021)

图 4-26 通过分析长 6 段钙质层分布密度,发现在不同的层位钙质层分布密度不一,由下往上钙质层数逐渐减少,且下降半旋回中较上升半旋回发育突出了钙质层在垂向上和横向上的发育特征,这种连井剖面图是在钻井单井柱状图的基础上绘制的。

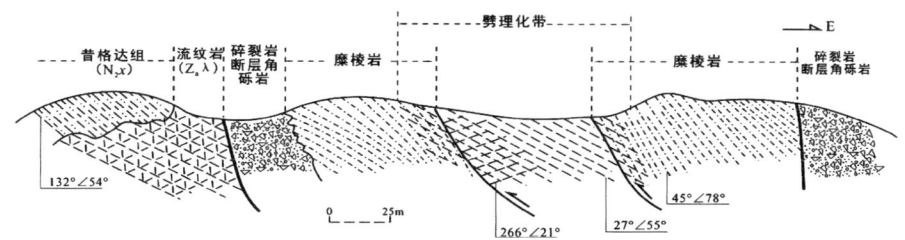

图4-27 安宁河断裂带双桥剖面构造变形剖面图(据陈应涛等,2021)

图4-27是安宁河断裂带双桥地区发育有的糜棱岩化带与劈理化带、破碎带等韧性、脆—韧性和脆性构造共存的多期构造变形相互叠加的构造现象,这种野外露头剖面是在野外露头柱状图的基础上形成的,反映地层横向接触关系、构造变形、垂向演化等特点。

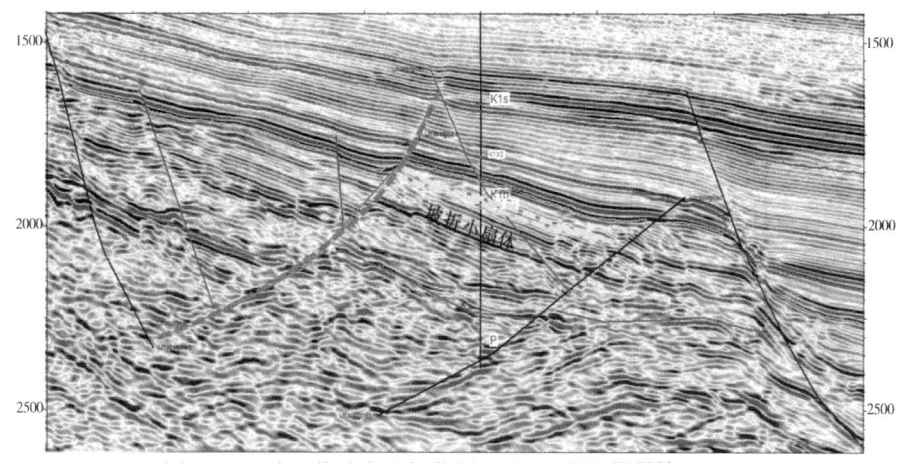

图4-28 哈3井砂岩油气藏剖面特征(据常甜甜等,2021)

图4-28为地震剖面图,根据地震剖面特征,哈3井在巴一段早期以冲积扇沉积为主,物性较差,难以成藏;在巴一段末期受断裂或者沉积坡折控制,在断裂或者坡折下倾方向形成小型细粒砂体扇三角洲沉积,易形成岩性圈闭,地震剖面图可以起到很好的预测作用。

8.模式图

科技期刊论文模式图是研究内容的综合反映和落脚点,能够凝练出论文的核心观点,将分布规律和演化特征综合在一起,能反映垂向上和平面上的空间格局(郑秀娟,2013)。

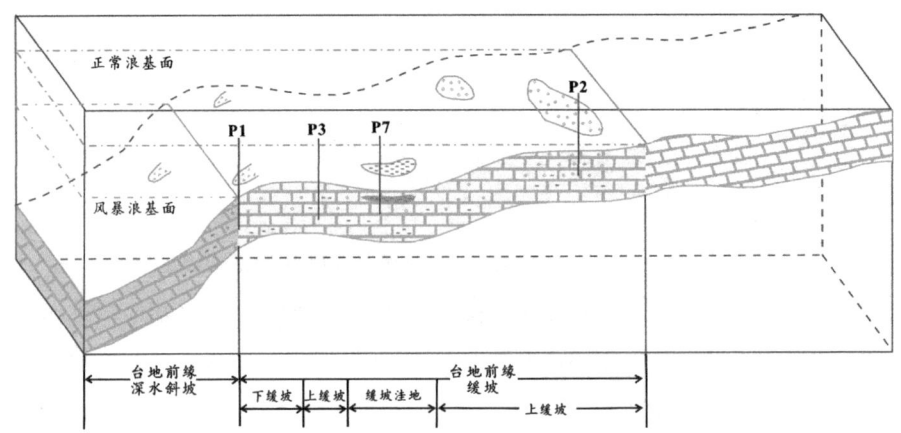

图 4-29　泰国呵叻盆地腹部二叠系碳酸盐岩台地前缘沉积模式图（据仝敏波等，2021）

　　图 4-29 反映出呵叻盆地二叠系碳酸盐岩地层为碳酸盐台地前缘缓坡-斜坡相沉积，进一步可划分为斜坡、缓坡两级相带，其中缓坡相可再细分为上缓坡、下缓坡、缓坡洼地。这个模式图能很好地反映出呵叻盆地二叠系碳酸盐岩沉积环境、发育位置、水体深度的空间模式。

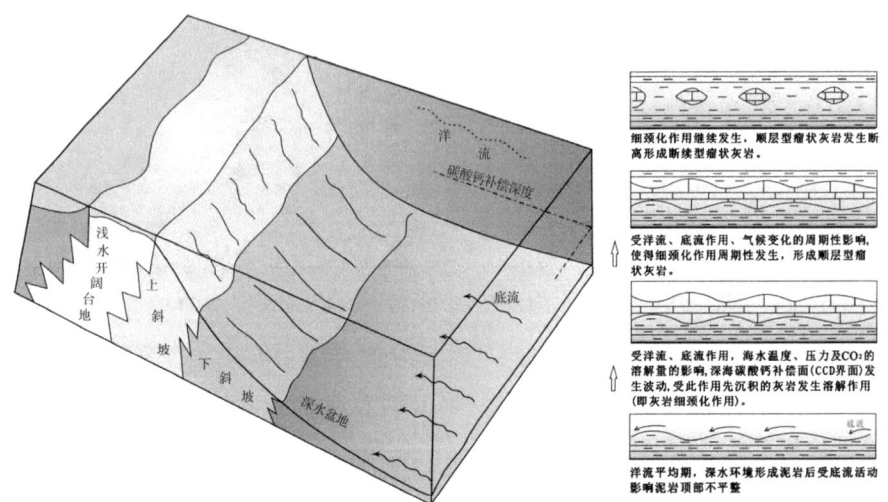

图 4-30　安徽巢湖下三叠统殷坑组瘤状灰岩成因模式示意图（据袁珍等，2020）

　　图 4-30 反映出巢湖地区离陆地不远、水深又较大的斜坡区及深水盆地均出现了瘤状灰岩，分析认为巢湖地区殷坑组的沉积背景使得海底底流频繁发生，碳酸盐的沉积补偿面（CCD）受此影响发生变化并形成了瘤状灰岩雏形，在周期性的瞬时动荡水体的作用下形成了顺层条带状瘤状灰岩，之后再经过成岩作用的差异压实、压溶作用，条带状瘤状灰岩中因压溶作用形成的缝合线被溶

解,形成了断续状瘤状灰岩,最终在剖面上形成了瘤体、基质呈韵律性分布的瘤状灰岩沉积。

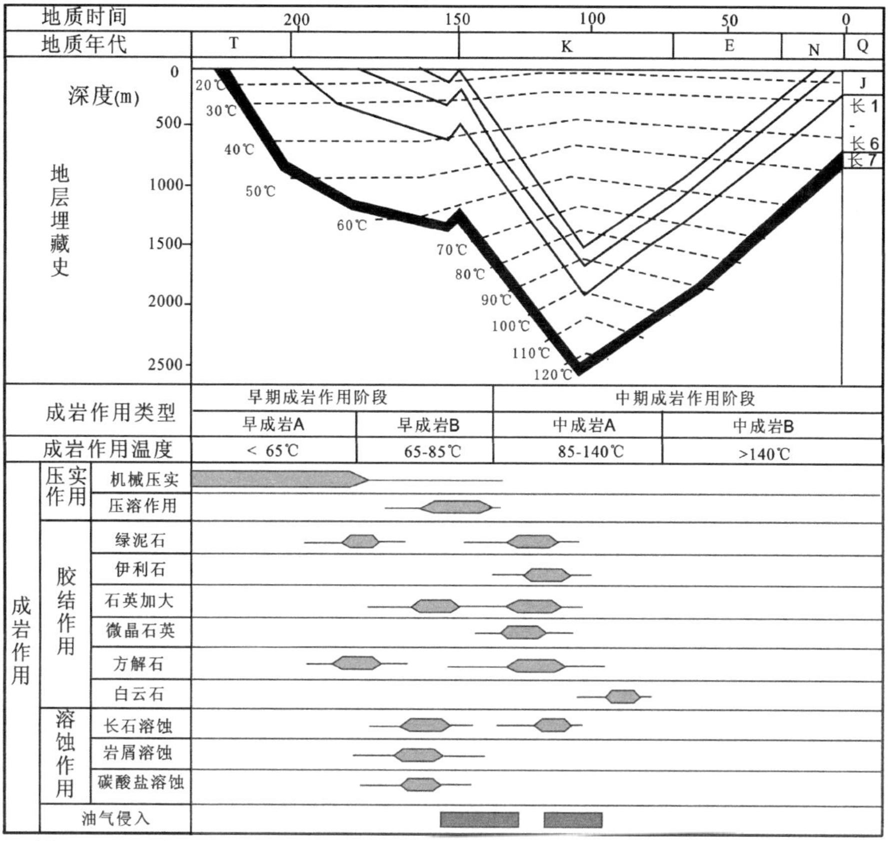

图 4-31　鄂尔多斯盆地南部黄陵地区埋藏史和成岩演化顺序(据刘桂珍等,2020)

"图 4-31 鄂尔多斯盆地南部黄陵地区埋藏史和成岩演化顺序"模式图通过对岩石薄片在显微镜下自生矿物的类型、产状及其相互关系与形成序列、孔隙类型及其分布特征等微观特征进行分析,建立成岩演化顺序模式。

五、科技期刊论文的表格

科技期刊论文的表格要简洁、清晰、明确、科学、合理,作为正文中最重要的一种表述方式,表格具有真实性强、逻辑性强和对比性强的特征。

1.数据表

科技期刊论文数据表是研究工作中的分析化验数据结果,要求数据的准确性和数据来源的原始性、原创性,可以给读者以真实、可靠、数据齐全之感。科技期刊论文数据表一般要求要有明确的单位和小数点位数,小数点位数大多要求至少保留小数点后两位。在科技期刊论文正文中,数据表属于基础性表格,将数据表放入正文后,应对数据进行详细的分析,找出其中的规律,进而反映作者的学术观点与研究成果(郑秀娟,2013)。

表4-1 哈日凹陷主力供烃源岩有机质类型参数表(据常甜甜等,2021)

| 层 位 | $\delta^{13}C/‰$ | 岩石热解参数 | | "A"族组成 | | | 正构烷烃 | |
		氢指数/(mg.g^{-1})	烃降解率/%	饱和烃/%	饱/芳	(非烃+沥青质)/%	峰型特征	主峰碳数
银根组	−29.9−23.5	21−1020	1.8−87.0	15.4−57.4	0.4−6.0	24.6−63.1	单峰后峰型	23 为主
	−27.4(27)	537(27)	47.8(28)	36.5(38)	2.5(38)	42.1(38)		
巴二段	−30.3−22.3	8−1017	1.2−92.5	13.5−72.7	0.4−10.7	14.1−64.8	单峰前峰型	23、19
	−26.5(18)	219(17)	23.3(17)	42.23(18)	3.0(18)	34.6(18)		
巴一段	−29.1−24.5	51−1045	2.1−92.2	6.5−61.1	0.1−3.5	12.9−52.4	单峰前峰型	21 为主
	−27.2(9)	279(10)	23.1(11)	31.3(12)	1.6(12)	38.8(12)		

表4-1为数据表,给出了岩石热解参数、"A"族组成、正构烷烃等有机质类型参数和指标,该数据表属于基础性表格并放入正文中,对相关数据进行了详细的分析,结合烃源岩成熟度参数,对银额盆地哈日凹陷主力供烃源岩进行了综合评价,反映作者的学术观点与研究成果。

2.特征表

科技期刊论文特征表的作用是在研究过程中,使研究数据从数据到认识、从现象到本质、从表象到规律得到升华和提升,以及使得研究内容层次合理、结构清楚、环环相扣、逐级递进。特征表往往从不同的方向、不同的侧面对某一研究内容进行分析与表征的基础性与分析性描述(郑秀娟,2013)。

表 4-2 含水层水文地质特征(据侯恩科等,2021)

主要含水层	特　征	单位涌水量 L/s·m	渗透系数 m/d	矿化度 g/L	备注
萨拉乌苏组孔隙潜水含水层	分布较广,一般厚度 10~15m,透水性强,地下水赋存受古地形控制,储存条件良好	0.0046~ 1.4132	0.0448~ 6.883	0.1810~ 0.2570	接受大气降水补给
直罗组风化基岩裂隙含水层	厚度 14~49m,岩层节理裂隙较发育,孔隙度较大,渗透性较强	0.0090~ 0.4461	0.0479~ 12.3500	0.1422~ 0.3590	接受侧向或上覆含水层补给
烧变岩裂隙孔隙含水层	烧变岩体含有大量的气孔、孔洞和裂隙发育,导水性强	0.1073~ 77.3400	0.5220~ 1316.4400	0.24200~ 0.275	接受潜水含水层侧向补给
采空区水	地下水积存时间长,水量补给较差				静储量为主,PH 值较低

表 4-2 为科技期刊论文特征表,表内将萨拉乌苏组孔隙潜水含水层、直罗组风化基岩裂隙含水层、烧变岩裂隙孔隙潜水含水层及采空区水的水文特征与单位涌水量、渗透系数、矿化度等方面对含水层水文地质特征进行了描述,从不同的方向、不同的侧面对研究内容进行分析与描述。体现了特征表层次合理、结构清楚的特点。

3.分类表

科技期刊论文分类表是作者依据自己或者行业内认可的分类依据、分类标准与分类方案,对研究内容的架构和模式进行分类的一种表现形式。分类表主要体现研究的最终目的、成因机理、内容特征、识别标志、定量标准等。不同的研究者对不同的研究对象有不同的标准,在使用分类表时可以将不同的分类标准一并列出,统筹兼顾(郑秀娟,2013)。

表4-3　哈日凹陷主力供烃源岩有机质类型评价表(据常甜甜等,2021)

层 位	热解分析	干酪根原子比	碳同位素组成	干酪根显微组分	"A"族组成	正构烷烃组成	甾烷组成	综合分析
银根组	I-II$_1$型	I-II$_1$型	I-II$_1$型	I型	II$_1$型	II$_1$-II$_2$型	II$_2$-III型	I-II$_1$型
巴二段	II$_2$-III型	II$_2$-III型	II$_1$-II$_2$型	I型	I-II$_1$型	II$_1$-II$_2$型	II$_2$-III型	II$_1$-II$_2$型
巴一段	II$_2$-III型	II$_2$-III型	II$_1$-II$_2$型	I-II$_1$型	II$_1$型	II$_1$-II$_2$型	III型	II$_1$-II$_2$型

表4-4　马五$_{1+2}$亚段和马五$_{41}$亚段储层分类评价(据侯科锋等,2019)

分　类		I类储层	II类储层	III类储层	IV类储层
物　性	孔隙度/%	>8	8~4	4~2	<2
	渗透率/($\times10^{-3}\mu m^2$)	>1	1~0.1	0.1~0.01	<0.01
孔隙结构	排驱压力/MPa	<0.1	0.1~1	1~10	>10
	中值半径/μm	>0.8	0.1~0.8	0.01~0.1	<0.01
	最大进汞饱和度/%	>80	60~80	20~60	<20
	压汞曲线类型	I类	I、II类	II、III类	IV类
储集空间类型	组合类型	孔缝洞组合储层	裂缝-溶洞组合储层	含裂缝的孔隙型储层	微孔隙型储层
储层四性关系综合评价		良好	中等-良好	一般-中等	一般
测井含气饱和度/%		75~90	70~80	60~75	
有效厚度/m		>1.6~>3	1.5~2.5	1~2	
无阻流量/($\times10^4 m^3/d$)		>20	5~20	<5	<0.8
残丘规模		大-中型	中-小型	小型,偶见中型	
储层总体评价		好	较好	中等	差或非

表4-3属于科技期刊论文分类表,表内综合了热解分析、干酪根原子比、碳同位素组成、干酪根显微组分、"A"族组成、正构烷烃组成、甾烷组成等有机质类型参数和指标,对有机质类型进行分类,并将不同指标的分类标准一一列出;表4-4同样为科技期刊论文分类表。表4-4从物性、孔隙结构、储集空间类型、储层四性关系、测井含气饱和度、有效厚度、无阻流量、残丘规模等几个方面对储层分类从内容特征、识别标志、定量标准等方面进行总体评价。

表4-3、表4-4均为分类表,在正文中具有统筹兼顾的作用和一目了然的特征,增加了科技期刊论文的可读性与可借鉴性。

4.对比表

科技期刊论文对比表既包括对不同的研究内容相同特征的比较,也包括对同一个研究内容的不同特征的比较,在比较的基础上分析研究内容。对比表内容恰当、对比鲜明,说明不同研究内容相同特征、同一个研究内容的不同特征之间的异同,在此基础上对研究内容的异同进行成因分析、理论研究。

表4-5　坡度增量及增幅预测方程(据宋世杰等,2023)

坡　形	坡度增幅	R^2	坡度增量	R^2
直线坡	$d_i = 13.159e^{-0.028i}$	0.9938	$\Delta_i = 0.552\ln(i) - 0.253$	0.9840
凹形坡	$d_i = 13.064e^{-0.025i}$	0.9894	$\Delta_i = 0.655\ln(i) - 0.427$	0.9608
凸形坡	$d_i = 13.650e^{-0.031i}$	0.9844	$\Delta_i = 0.476\ln(i) - 0.101$	0.9712
复合坡	$d_i = 13.016e^{-0.027i}$	0.9985	$\Delta_i = 0.552\ln(i) - 0.257$	0.9675

注:i—4种坡形黄土坡面的自然坡度;d_i—坡度增幅,%;Δ_i—坡度增量。

表4-5为科技期刊论文对比表,体现了直线坡、凹形坡、凸形坡、复合坡4种不同的黄土坡面基于不同坡形的坡度增幅与坡度增量随自然坡度的量化关系。

表4-6　察汗乌苏河地区元素异常下限(据郑振华等,2023)

元　素		Au	Ag	Cu	Pb	Zn	W	Sn	Mo	Bi	As	Sb	Co
低背景	外带	1.77	80	18.09	22	54	1.13	4.11	2.05	0.28	14.77	0.81	7.40
	中带	3.55	16	36.18	44	109	2.26	8.22	4.10	0.57	29.54	1.62	14.81
	内带	7.10	32	72.37	88	218	4.52	16.43	8.20	1.13	59.08	3.24	29.62
高背景	外带	5.16	332	50.47	74	78	4.45	10.32	7.91	1.28	79.59	4.49	20.02
	中带	7.74	499	75.71	112	118	6.68	15.48	11.86	1.92	119.39	6.74	30.03
	内带	10.33	665	100.94	149	157	8.91	20.65	15.82	2.56	159.19	8.99	40.04

表4-6以高背景、低背景下的外带、中带和内带做对比,分析察汗乌苏河地区元素异常下限。

表4-5、表4-6均为科技期刊论文对比表,在正文中具有对比与分析的作

用,对于科技期刊论文研究内容的提升起到关键性作用,增强了作者与读者的学术碰撞与心灵沟通。

六、科技期刊论文的正斜体

科技期刊论文外文字母除了用不同的外文字母或字母组合符号表示外,还需要用外文字母的大小写、正斜体、黑白体、上下角标等方式的变化来体现所要表示的科学概念的具体意义。科技期刊论文中不同外文字体各有其特定的用法和使用规则,有些是国家标准,有些是国际通用的,有些是学科间通用的,有些是某学科专用的。

广义上,不变量用正体,主要用于表示名称与名称有关的代号。包括如下几种:

(1)计量单位、词头和量纲符号,如计量单位:kg(千克),m(米),A(安);词头 M(兆),k(千),m(毫);量纲 L(长度),T(时间)。

(2)数学符号,如运算符号 $\sum$(求和),$\prod$(连乘);函数符号,如 lim(极限),d(微分),Δ(有限增量);指数函数和对数函数,如 e(自然对数的底),exp(指数函数),ln(自然对数);三角函数和双曲函数,如 sin(正弦),tan(正切),sinh(双曲正弦);特殊函数符号,如 B(x, y)(贝塔函数),Γ(x)(伽马函数);其他符号,如 max(最大值),π(圆周率)。

(3)化学元素符号,如 H(氢),O(氧)等。

(4)物理符号,如粒子 p(质子),n(中子),e(电子);射线符号,如 X 射线,α 射线,γ 射线。

(5)其他符号,如仪器、元件、样品、机具等的型号,电流表 A,AE-54 型发动机;标准、规范的缩写,如 SI(国际单位制),GB(国家标准),CY(新闻出版标准);不表示科技符号的外文缩写字,如 N(north,北),E(east,东),DC(direct current,直流);表示序号的连续字母,如附录 A,附录 B,附录 C,图 1(a),图 1(b),图 1(c)。

广义可变量用斜体,主要用于做量的符号。包括如下几种:

(1)物理量符号,如 A(面积),a(加速度),p(压强)。

(2)特征数符号,如 Re(雷诺数),Eu(欧拉数)。

(3)数学中的变量符号、函数,如 x,y,z(笛卡儿坐标),$f(x)$。

(4)代表点、线等空间位置的量,如 P(点),AB(直线)。

(5)坐标、变动性数字或量符号表示的下标,如 F_x(力 F 的 x 方向分量),ρl(线密度)。

(6)生物学中属以下(含属)的拉丁学名,如 $Equus$(马属),$Oryza$(稻)。

(7)化学中表示旋光性、分子构型、构象、取代基位置等的符号,如 d-(右旋),p-(对位)。

[例1]

在原始地幔标准化的微量元素蛛网图上,洛河组砂岩整体富集 Cs、Rb、Ba、Th、U 等不相容元素,相容元素含量较低。Nb、Ta 呈现明显的负异常,Pb 正异常显著。稀土元素含量整体偏低,∑REE 介于 68.09 ppm~232.72 ppm,平均为 127.78 ppm,略低于大陆上地壳(UCC)的稀土元素总量 146.67 ppm。∑LREE 介于 60.72 ppm~209.19 ppm,平均为 114.45 ppm;∑HREE 介于 7.37ppm~26.11ppm,平均为 13.32 ppm。∑LREE/∑HREE 比值范围为 6.34ppm~11.49 ppm,平均为 8.63 ppm。在球粒陨石标准化的稀土配分模式上,曲线呈右倾型,轻稀土富集,重稀土平坦分布。

例1中"Cs、Rb、Ba、Th、U、Nb、T、Pb"为化学符号元素,用正体表示;"∑REE、∑HREE"中的∑为数学运算符号,用正体表示;"UCC"为大陆上地壳的外文缩写字,用正体表示。

[例2]

韩城区块煤层产出水中原位古菌按门类划分主要为 Euryarchacota 和 Proteobacteria 两类,其中 Euryarchaeota 在样品中占比最高,占 31.48%~97.90%,平均含量为 87.55%。Euryarchaeota 门类产甲烷菌具有很强的底物特异性,只能使用不超过两个碳原子的简单有机物。在属的生物分类水平上,煤层产出水中原位古菌的优势菌属为 $Methanobacterium$,占比为 12.32%~59.31%,平均含量为 32.37%。该菌属于氢营养型产甲烷菌,可以利用 H_2、CO_2 小分子为底物生成甲烷,通过种间氢转移降低系统中的氢分压,以促进乙酸生成;其次为 $Methanothrix$,占比为 0.25%~45.30%,平均含量为 13.08%。该菌主要以乙酸为代谢底物,分解乙酸产甲烷;同时也含有实现 CO_2 还原代谢途径的基因代码[30]。这两类与产甲烷作用有关的古菌($Methanobacterium$ 和 $Methanothrix$)平均含量占全部古菌数量的 45.45%。此外还有 $Methanoregula$、$Methanococcus$、$Methanosarcina$、$Methanospirllum$ 等与产甲烷作用有关的古菌种属在煤层产出水中被检测出来。

例2中，"Euryarchaeota""Proteobacteria"为生物学专门的拉丁学名，为正体，"*Methanobacterium*""*Methanothrix*""*Methanoregula*""*Methanococcus*""*Methanosarcina*""*Methanospirllum*"等古菌为生物学中属的拉丁学名，故为斜体。

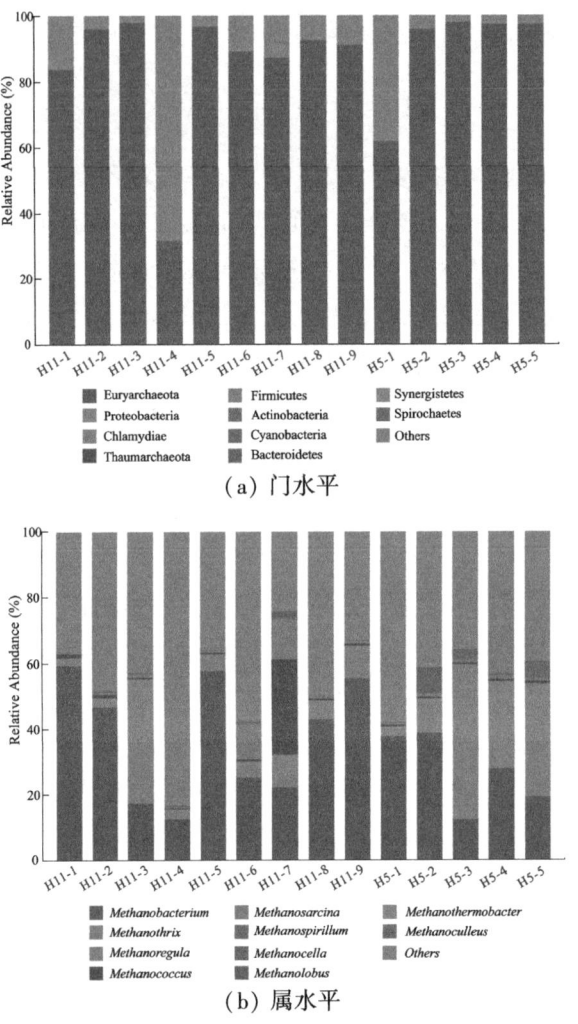

（a）门水平

（b）属水平

图4-32　煤层产出水中古菌群落结构分布情况（据鲍园等，2021）

图4-32中，"图4-32（a）"为韩城区块煤层产出水中原位古菌门类分布情况，用正体；"图4-32（b）"为韩城区块煤层产出水中原位古菌属类分布情况，用斜体。

[例3]

察汗乌苏河地区属高山高原干旱气候,地形切割较深,地理条件差。本文对东昆仑东段察汗乌苏河四幅1:50000水系沉积物地球化学测量数据进行分析(分别为巴加别里赤尔幅I47E002011、那更幅I47E002012、鲁木切幅I47E001012和察汗乌苏河I47E001011),在有利于冲积物汇集的河道宽缓、交汇地带,选择流水线不稳定时,以水系沉积物中的淤泥、岩屑为主要采集对象,通过多点(坑)采样法(即在采样点上下30m范围内多坑组合采样),共采集1:50000水系沉积物地球化学样品8043件。平均采样密度4.82件/km²,采样粒级-10~+80目,分析Au、Ag、Cu、Pb、Zn、W、Sn、Mo、Bi、As、Sb和Co等共12种元素。

例3中"巴加别里赤尔幅I47E002011""那更幅I47E002012""鲁木切幅I47E001012""察汗乌苏河I47E001011"表示序号的连续字母等,与图表名一样,用正体;"Au、Ag、Cu、Pb、Zn、W、Sn、Mo、Bi、As、Sb和Co"为化学符号元素,用正体。

[例4]

全岩总有机碳(TOC)和总硫(TS)测试在江苏地质矿产设计研究院利用LecoCS-230碳硫分析仪进行测定。全岩样经10%盐酸除去碳酸盐,燃烧氧化—非色散红外吸收法进行测试。硫含量测试将试验在1250℃~1300℃燃烧分解,将硫转化为二氧化硫,用氢氧化钠标准溶液滴定。全岩主量元素测试在中国矿业大学现代分析与计算中心使用Bruker S8 Tiger X射线荧光光谱仪(XRF)进行测定。微量及稀土元素测试:在江苏地质矿产设计研究院利用PEElan6000电感耦合等离子质谱仪(ICP-MS)进行测定。测定标准及方法分别参照国标GB/T14506.30—2010和GB/T14506.29—2010执行。铁组分测定:实验在中国地质大学生物地质与环境地质国家重点实验室完成,按照Canfieldetal开发的顺序提取法测定页岩各铁组分含量;黄铁矿(Fe_{py})测定采用铬还原法。黄铁矿硫同位素测试:其中黄铁矿硫同位素($\delta^{34}S_{py}$)利用沉淀出的Ag_2S进行测定。

例3中"全岩总有机碳(TOC)""总硫(TS)"表示名称的代号,用正体;"LecoCS-230碳硫分析仪""Bruker S8 Tiger X射线荧光光谱仪""PEElan6000电感耦合等离子质谱仪"表示仪器、元件、样品、机具等的型号,用正体表示;"测定标准及方法分别参照国标GB/T14506.30—2010和GB/T14506.29—2010执行"为国家标准,用正体表示。

以上几个方面为科技期刊论文的主要组成部分,也是一篇高质量论文应注意的细节要求。在文稿完成后,作者还要对其进行进一步检查和润色,进行内容加工、技术加工和语言文字加工,把科技期刊论文发表在科技期刊上,将自己的研究成果推介给读者。每一位作者都应该力求文稿的创新性、学术性、规范性及可读性,坚持科学的态度,传承科学文化知识,推介学术成果。

七、地学类科技期刊论文选题的几个问题

1.地质学关注的主要问题

1.1 交叉学科定性研究向定量性研究转变

当代地球科学正处在重大转折期,地质学理论已经从陆壳进入地幔进行纵深发展,并逐步建立起岩石圈、大气圈、以及生物圈之间相互交叉、相互渗透、彼此协调的学科领域,形成了当代地球科学的大系统,如岩相古地理、沉积地质、环境地质、流体地质、大陆动力、地球化学、流体地质等交叉学科都在向定量研究方向发展,代表着地质学研究的热点和发展的方向(张文佑,1987;吴凤鸣,1998)。

1.2 资源、环境与可持续发展等研究方向

资源、能源及环境等重大课题,是地质学解决人类生存环境的关键问题,已经基本形成具有特色的、资源环境与可持续发展协调发展的"天—地—人"系统观。当前面临的地质构造、能源、资源矿产、地质灾害等都与人类生存和持续发展息息相关,对于综合性、多学科等反映地球科学的岩石圈结构及深部作用、生物起源与发展等重大课题已引起相关专家学者的广泛关注(张文佑,1987;吴凤鸣,1997、1998)。

1.3 关注研究手段与研究方法

地质学研究方法已由传统的分析向观测与探测、模拟与实验等方向发展(张文佑,1987;吴凤鸣,1997,1998)。

2.地球科学发展热点与态势

2.1 国际地球科学主要研究热点

从近年来全球地球科学研究高被引论文的学科分布看,相关研究学科主要集中在地质学、气象学和大气科学、地球化学和地球物理学、环境科学和生态学、自然地理学、海洋学、矿物学、遥感、成像科学和摄影技术、古生物学等(史静等,2013)。其中,地质学、气象学和大气科学、地球化学和地球物理学等占74.45%,遥感、成像科学和摄影技术、古生物学等只占6.26%(表4-7,图4-33)。

表4-7　近年来国际地球科学主要研究学科占比

序　　号	主要学科	占　比/%
1	地质学	28.32
2	气象学和大气科学	25.88
3	地球化学和地球物理学	20.25
4	环境科学和生态学	6.87
5	自然地理学	4.90
6	海洋学	4.33
7	矿物学	3.19
8	遥　　感	2.51
9	成像科学和摄影技术	2.05
10	古生物学	1.70

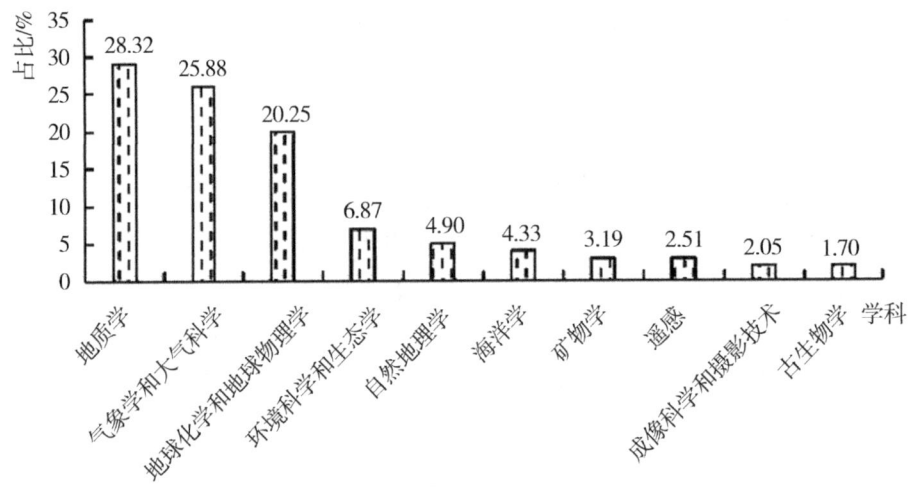

图 4-33　近年来国际地球科学主要研究学科占比

2.2 国内地质学主要研究热点

国内地质学发文的刊文有火成岩岩石学、构造地质学、沉积岩石学、古地层学、矿床地质学、油气地质、第四纪地质、变质岩岩石学、地球化学、环境地质学、古生物学、岩矿测试、矿物学、地质年代学、矿产开采、地貌学、前寒武纪地质、固体地球物理学、水文地质学等(王鑫等,2015),其中火成岩岩石学、构造地质学、沉积岩石学、古地层学、矿床地质学等学科占56.62%,而地貌学、前寒武纪地质、固体地球物理学、水文地质学等学科只占5.39%(表4-8,图4-34)。

表 4-8　近年来国内地质学主要研究热点占比

序　号	主要学科	占　比/%	序　号	主要学科	占　比/%
1	火成岩岩石学	15.25	11	古生物学	2.77
2	构造地质学	12.22	12	岩矿测试	2.56
3	沉积岩石学	11.60	13	矿物学	2.52
4	古地层学	8.93	14	地质年代学	2.45
5	矿床地质学	8.62	15	矿产开采	2.37
6	油气地质	5.26	16	地貌学	1.66
7	第四纪地质	4.92	17	前寒武纪地质	1.48

续表

序　号	主要学科	占　比/%	序　号	主要学科	占　比/%
8	变质岩岩石学	4.09	18	固体地球物理学	1.29
9	地球化学	3.64	19	水文地质学	0.96
10	环境地质学	3.46			

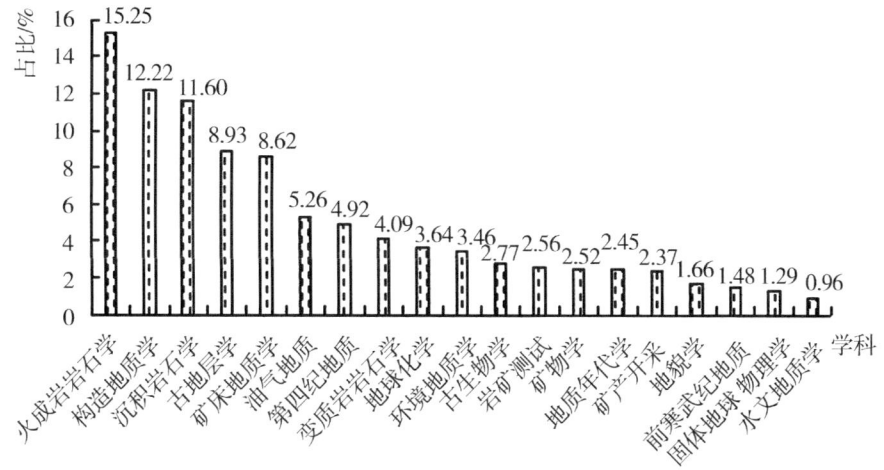

图 4-34　近年来国内地质学主要研究热点占比

2.3 地质学近期研究重点

2.3.1 具有战略地位的重大地质科学问题

具有战略地位的重大地质学问题即为发展地质学理论体系奠定基本格架。例如,关于大陆及大陆边缘岩石圈的结构、组成、演化及其与矿产的关系问题的研究;关于造山带岩石圈演化与成矿、前寒武纪地壳演化研究、高压变质作用与碰撞构造、大陆边缘生成与演化模式、中新生代重大拉伸事件与成矿作用、华南花岗岩区岩浆成因研究、沉积盆地演化与油气分布规律的研究。又如,关于大型矿床成矿条件和成矿理论的研究;关于典型成矿区成矿地质条件、成矿机理和成矿模式研究、生物岩成矿作用和成矿机理研究、油气等流体的地质作用与成藏模式的研究。再如,关于现代地质作用过程和地质环境变迁的研究,关于青藏高原板块运动与动力学研究、关于黄土高原与全球变化研究、活动断层和大地构造研究、现代沉积研究等。

2.3.2 重点发展的前沿地质学问题

重点发展的前沿地质学问题,即与社会发展密切相关的具有前沿领域的地质学问题,包括矿床学、地球化学、古生物学、地层学、沉积学、第四纪地质学、水文地质学、构造地质学及前寒武纪地质等前沿领域的学科;关于层型剖面、层控矿床、活动构造、人类起源等领域与人类生产和生活密切相关的沉积盆地分析与沉积模式研究、地质灾害防治、城市地质研究等方面的科学问题也越来越受到重视。

3.石油地质研究的几个热点

3.1 关于致密油研究新进展

致密油是全球非常规油气勘探开发的重要领域之一,正在影响着世界能源供需格局。近年来致密油的开发技术与研究热点主要集中在低渗透油气层的识别和改造技术、储层联通技术、注入采油技术、钻采工艺技术等方面,水平井钻井技术、大规模压裂技术和微地震实时监测诊断技术是致密油开采的三大关键技术。水平井分段压裂技术已经成为油田提高采收率和开发综合效益的重要手段,国内进一步加强勘探与开发、地质与工程、科研与生产、技术与经济、地面与地下等 5 个一体化的基础研究(孙张涛等,2015)。因此,致密油的勘探与开发为近年来的一个重要研究课题。从 2019 年每年公布的中石油十大油气发现可以看出,位于 2019 年中石油十大发现的"鄂尔多斯盆地长 7_{1+2} 生油层系内发现 10 亿吨庆城大油田",主要针对长 7_{1+2} 烃源岩层系深化非常规致密油藏地质研究,开展以水平井+体积压裂、工厂化作业为主的工艺技术攻关,开辟先导试验区,发现了储量规模超 10 亿吨的庆城大油田,对我国生油层系内非常规致密资源的勘探开发具有重要的战略意义和引领示范作用。

3.2 关于页岩油气研究新进展

我国在研究美国页岩气开发理论和技术的基础上开展页岩气研究,初步评估中国页岩气资源潜力和有利区,研究内容包括页岩气的基础地质理论、勘探开发技术、国内有利区域页岩地质特征。其中,露头地质调查与区域潜力评价研究为重点研究内容,通过研究国外相关理论和技术来解决中国的页岩气问题,为中国逐步开展页岩气开发奠定基础。目前国内页岩气资源评价方面的研究主要在于页岩气成藏机理、地质特点、开发条件等方面,探索中国页岩气勘探开发的理论和方法,加强了国内华北、东北、西北、滇黔、上扬子及东南地区页岩气成藏地质条件的研究以及页岩气开发的技术创新(田黔宁等,2014;王淑玲等,2016)。

从近 5 年每年公布的中石油十大油气发现可以看出,页岩油气研究新进展已成为研究重点、研究热点。例如,2019 年中石油十大油气发现的"四川盆地川南页岩气勘探形成万亿立方米大气区"在加大三维地震部署和加强甜点区评价的基础上强化大规模勘探评价和开发试验工作,研究成果对中国石油在四川盆地实现天然气快速生产和提高我国西南地区天然气供给能力具有重大意义;2020 年的"大面积、高丰度页岩气富集理论"立足国家重大科技专项与公司科技项目,依托国家级页岩气研发平台和国家级产业化示范区,自主创建了深水陆棚"甜点区、甜点段"高产富集、水平井压裂平台式"体积开发"理论和技术体系,指导和支撑川南地区成为中国第一个万亿方页岩气探明区,建成年产量超百亿平方页岩气大气田,创建了大面积连续型富集"甜点区、甜点段"地质理论,形成"沉积成岩控储、保存条件控藏、优质储层连续厚度控产"的"三控"高产理论认识,创新了复杂构造演化、高成熟-过成熟页岩气地质评价及开发优化技术,研发资源储量评价、保压含气性测定、孔渗测试、微纳米孔表征等技术,形成全生命周期产能评价、生产制度优化、高产主控因素量化分析方法,创新了"体积开发"理论技术体系,形成了复杂构造和高水平应力差背景下水平井优快钻井、体积压裂和清洁开采技术,建立地质工程一体化高产井培育方法并实现批量复制;2020 年的"立体式大平台水平井钻井技术"助推页岩油规模开发,由于我国中高成熟度页岩油是油气增储上产战略重要接替领域,但面临层系多、单层厚度薄、非均质性强、单井累计产量低带来的成本控制难题,创新形成了大平台立体式钻完井技术,在长庆页岩油领域进行全面推广,带动了新疆、吉林等油田页岩油水平井大井丛钻完井技术的规模应用;2020 年的"渤海湾盆地济阳坳陷沙河街组页岩油勘探取得重大突破",首次实现了济阳坳陷页岩油商业产能突破,证实了中演化程度基质型页岩油具有良好可动性,初步落实三个页岩油有利区带,开辟了石油规模增储上产新领域;2021 年的"苏北盆地溱潼凹陷阜二段页岩油新领域勘探"创新开展了苏北盆地页岩油保存条件及可动性研究,有望成为苏北盆地石油稳产接替新领域,对东部中小型断陷盆地页岩油勘探具有重要指导意义;2022 年的中石油的科技成果"苏北盆地页岩油新区新层系勘探取得重大突破"深化了中—低有机质丰度、中演化程度的混积型页岩油富集规律研究,展现了东部中小盆地低丰度页岩油的良好勘探前景;科技成果"四川盆地东南缘复杂构造区深层页岩气勘探取得重大突破"加强深层页岩气勘探理论技术攻关,发现了綦江页岩气田,证实川东南盆缘复杂构造区大规模富气,有望形成中国石化继涪陵页岩气田之后第二个万亿平方页岩气资源阵地;科技成果"四川盆地寒武系筇竹寺组页岩气新类型勘探取得重大突破"创新勘探思路,由早期在黑色页岩中寻找页岩气,向气测显示好的粉砂质页岩探索,率先实现国内寒武系页岩气新类型勘探重大突破,引领了页岩气规模勘探开发从志留系龙马溪组向寒武系新层系拓展;2023 年页岩油气国家级示范区建设持续推进、新区新领域不断获得重要发现,深部煤层气勘探开发取得重大突破,非常规油气产量持续增长,其中新疆吉木萨尔陆相页岩油示范区发展建立咸化湖盆页岩油富集模式,胜利济阳陆相页岩油实现"五个洼陷、三种岩相、两套层系、多种类型"的全面突破,大庆古龙页岩油建设形成了以"精确甜点预测与靶层优选、立体开发井网设计与排采制度优化、水平井优快钻完井、缝控体积改造 2.0"为核心的地质工程一体化技术体系;长庆庆城油田长 7 页岩油围绕新类型纹层型页岩油开展试验,形成了"短闷、强排、控采"全生命周期技术;红星二叠系茅四段、吴二段规模增储进一步落实,培育形成"两层楼"勘探新局面。

以上地学类国内外研究热点以及近年来国内关于致密油、页岩油气的勘探开发与研究进展,给科技期刊地学类论文的选题提供了重要依据。

参考文献

[1]徐柏容.期刊编辑学概论[M].沈阳:辽宁教育出版社,2001.

[2]张觉明.现代杂志编辑学[M].北京:中国书籍出版社,1987.

[3]李学昆.社会科学期刊编辑学[M].南昌:江西人民出版社,1990.

[4]李兴昌.科技论文的规范表达:写作与编辑[M].2版.北京:清华大学出版社,2016.

[5]邓友生,李龙,邓明科,等.梅花型混凝土桩截面几何特性[J].西安科技大学学报,2023,43(1):143-150.

[6]王鹏翔,叶鸥,黄山阁,等.社交网络突发谣言传播动力学建模与分析[J].西安科技大学学报,2023,43(3):637-646.

[7]唐胜利,唐佳阳,史勇,等.川南煤田古叙矿区龙潭组煤层受热—生烃史及气体成因[J].西安科技大学学报,2021,41(2):298-306.

[8]关虓,陈霁溪,高扬,等.NaOH碱激发煤矸石胶砂试块力学性能及微观结构的研究[J].西安科技大学学报,2020,40(4):658-664.

[9]张娜,冯套柱,郭道燕.能源矿山稳定风险网络模型[J].西安科技大学学报,2023,43(3):586-592.

[10]张卫国,侯恩科,陈文梅.陕南石煤及煤灰中磷元素的迁移规律研究[J].西安科技大学学报,2021,41(2):316-322.

[11]师学耀,高超利,刘伟,等.洛河区高自然伽马砂岩主控因素分析[J].西安科技大学学报,2023,43(3):530-538.

[12]伊硕,王龙,倪军娥,等.伊拉克M油田Asmari组混积储层隔夹层特征及地质意义[J].西安科技大学学报,2021,41(6):1014-1024.

[13]庞传山,高海军,景宏君,等.考虑时间因素的加筋土应力-应变关系研究[J].西安科技大学学报,2020,40(1):118-125.

[14]刘朝科,任建喜.巷道底板砂岩三轴压缩蠕变试验与分数阶模型[J].

西安科技大学学报,2020,40(6):1003-1009.

[15]宋世杰,冯泽煦,孙涛,等.陕北采煤沉陷区黄土坡面形变与土壤侵蚀效应[J].西安科技大学学报,2023,43(2):301-311.

[16]李昂,周永根,叶万军,等.大型黄土古滑坡蠕变特性模拟研究[J].西安科技大学学报,2023,43(1):151-159.

[17]黄道军,李新虎,刘燕,等.鄂尔多斯盆地中东部本溪组致密砂岩储层特征及有利层段优选[J].西安科技大学学报,2023,43(1):109-118.

[18]张金良,屈红军,张志升,等.多井无震资料背景下三角洲湖岸快速厘定方法[J].西安科技大学学报,2022,42(6):1148-1154.

[19]蔡玥,罗旭东,周对对,等.大佛寺井田洛河组砂岩地球化学特征及其对沉积环境和物源的制约[J].西安科技大学学报,2023,43(4):754-762.

[20]冯洁,侯恩科,王苏健.黄陵矿区洛河组砂岩富水—释水规律[J].西安科技大学学报,2019,39(3):426-434.

[21]刘桂珍,时晓章,赵永刚.鄂尔多斯盆地黄陵地区深水砂岩中碳酸盐胶结物特征、成因及分布规律[J].西安科技大学学报,2021,41(1):75-86.

[22]陈应涛,余文鑫,杨秉正,等.青藏高原东缘安宁河断裂带中—新生代构造变形及其磁组构特征[J].西安科技大学学报,2021,41(1):94-103.

[23]仝敏波,高栋臣,曹卿荣,等.泰国呵叻盆地腹部二叠系碳酸盐岩台地前缘沉积特征与沉积模式[J].西安科技大学学报,2020,40(3):400-407.

[24]袁珍,陈龙,穆占才,等.安徽巢湖下三叠统殷坑组瘤状灰岩成因研究[J].西安科技大学学报,2020,40(4):672-681.

[25]侯恩科,姚星,文强.柠条塔煤矿水化学特征及水源识别模型[J].西安科技大学学报,2021,41(4):624-631.

[26]侯科锋,李浮萍,罗川又,等.苏里格气田东南部碳酸盐岩储层特征及分类评价[J].西安科技大学学报,2019,39(2):276-285.

[27]郑振华,李文君,李笑龙,等.青海察汗乌苏河地区水系沉积物地球化学特征及地质意义[J].西安科技大学学报,2023,43(2):312-321.

[28]鲍园,胡宜亮,李丹,等.煤层甲烷碳同位素偏轻机理研究进展[J].西安科技大学学报,2021,41(6):1040-1049.

[29]罗晓霞,王万.多模型融合风化基岩富水性预测研究[J].西安科技大学学报,2022,42(3):521-528.

[30]王锋,景宏君,宋梅,等.改性氯氧镁水泥集料及自融雪性能[J].西安科技大学学报,2022,42(5):960-967.

[31]张小艳,柯亚萍,刘浪,等.炼镁还原罐内传热及其强化换热分析[J].西安科技大学学报,2023,43(4):647-658.

[32]白晓春,朱超,王绿,等.铲削式翅片散热器空气侧传热流动特性试验研究[J].西安科技大学学报,2023,43(4):659-667.

[33]陈军涛,朱君,张呈祥,等.不同渗透率灰岩裸孔注浆浆液扩散特性[J].西安科技大学学报,2023,43(4):668-676.

[34]肖双双,马亚洁,李卫炎,等.基于CiteSpace知识图谱分析的露天矿粉尘浓度预测研究进展与展望[J].西安科技大学学报,2023,43(4):677-687.

[35]李昊,高林生,刘麟,等.深度学习在煤矿水力压裂微震检测中的应用[J].西安科技大学学报,2023,43(4):688-698.

[36]任帅京,张阃妮,邓军,等.烟煤升温过程中热物理特性[J].西安科技大学学报,2023,43(4):699-706.

[37]丁洋,陈文彬,林海飞,等.煤矿采空区碳封存CO_2泄漏地表扩散规律研究[J].西安科技大学学报,2023,43(4):707-716.

[38]白亚娥,马腾,任立峰,等.凉水井煤自燃关键活性基团氧化释放气体的试验[J].西安科技大学学报,2023,43(4):717-725.

[39]高胜利,魏雪珂.鄂尔多斯盆地延长期湖盆底面构造定量化演化规律[J].西安科技大学学报,2023,43(4):726-734.

[40]段钊,张庆,李明,等.基于模型试验的易侵蚀层厚度对滑坡运动过程与堆积特征的影响[J].西安科技大学学报,2023,43(4):735-744.

[41]刘冬,彭建兵,叶万军,等.秦岭山区宜居乡村的架构思考[J].西安科技大学学报,2023,43(4):745-753.

[42]杨来侠,杜康,徐超,等.基于DIC技术的选区激光熔化Inconel 625拉伸性能及各向异性的研究[J].西安科技大学学报,2023,43(4):763-770.

[43]李雪伍,段世龙,张传伟,等.镀镍碳纤维增强铜基矿车制动材料制备及性能分析[J].西安科技大学学报,2023,43(4):771-780.

[44]薛力猛,马宏伟,王川伟,等.护盾式智能掘进系统截割机器人截割能力研究[J].西安科技大学学报,2023,43(4):781-788.

[45]刘青,李亮,王宇,等.含需求响应与碳配额的综合能源系统优化调度

[J].西安科技大学学报,2023,43(4):789-798.

[46]郝帅,杨晨禄,赵秋林,等.基于双分支头部解耦和注意力机制的灾害环境人体检测[J].西安科技大学学报,2023,43(4):799-808.

[47]吴景红.一种改进的永磁同步电机有限集模型预测控制方案设计与实施[J].西安科技大学学报,2023,43(4):809-818.

[48]王宏伟,刘飔,黄向东.矿用带式输送机模糊调速控制方法研究[J].西安科技大学学报,2023,43(4):819-828.

[49]郑俊良,姚顽强,蔺小虎,等.无人机 LiDAR 在采空区沉陷监测中的应用[J].西安科技大学学报,2023,43(4):829-839.

[50]田淮锐,田建艳,王素钢,等.基于像素面元体素法的地缸醅料挖取量评估[J].西安科技大学学报,2023,43(4):840-848.

[51]高伟云,程勇.地方高校学报特色栏目与选题策划研究[J].浙江万里学院学报,2022,35(6):74-77.

[52]刘少华.高校自然科学学报编辑的修养与提升[J].编辑学报,2008(3):273-275.

[53]包颖,崔玉洁,文娟,等.基于 InCites 的科技期刊选题策划路径研究:以土壤学为例[J].西南大学学报(自然科学版),2022,44(12):221-231.

[54]郑柳洁.科技类图书选题策划沟通技巧探讨[J].文化产业,2023(2):13-15.

[55]代艳玲,朱拴成.科技期刊青年编辑综合能力的培养与实践[J].编辑学报,2016,28(1):92-94.

[56]高金梅,徐燕,段玉婷,等.科技期刊组稿和约稿工作要点分析与探讨[J].学报编辑论丛,2022:676-681.

[57]陈进才.科技图书选题策划的几点做法:以厦门大学出版社为例[J].科教导刊,2023(6):65-67.

[58]徐小涛,邵龙义.利用泥质岩化学蚀变指数分析物源区风化程度时的限制因素[J].古地理学报,2018,20(3):515-522.

[59]韦洁琳.论新时代编辑的自我修养[J].出版广角,2021(1):56-58.

[60]程晓芝.论新时期学报编辑素质和能力的架构[J].扬州大学学报(人文社会科学版),2007(6):102-105.

[61]令狐忠社.论新形势下的编辑修养[J].武警学院学报,1995(4):67-68

+70.

[62]包旛旎,王晴.论学术期刊重点选题策划与影响力提升[J].出版广角,2022(24):17-21.

[63]徐立萍,余丹阳.深度融合背景下"四融"创新型编辑人才内涵及培养模式[J].中国出版,2023(5):42-46.

[64]吕欢欢,孙丰成,杨滨,等.石油天然气工业类期刊专题策划成效分析及选题方向建议[J].科技资讯,2023,21(1):212-215.

[65]谭晓萍.世界一流期刊建设背景下选题策划要点[J].中国出版,2023(4):58-60.

[66]翁立平,周立钢.试论编辑修养[J].菏泽师专学报,1995(3):80-81+77.

[67]周强,李莎,姜钰.数字出版编辑的数字素养与培养建议:基于出版深度融合发展的实践思考[J].出版广角,2023(3):55-59.

[68]王洁.提升科技期刊影响力的措施:以《金刚石与磨料磨具工程》为例[J].编辑学报,2023,35(2):219-222.

[69]乔璐,张进龙,朱冰.新创办学术期刊优质稿件获取路径研究:以《智能化农业装备学报》(中英文)为例[J].编辑学报,2023,35(2):187-192.

[70]刘向东.新时代编辑出版人才培养路径[J].编辑学刊,2022(4):20-24.

[71]薛楠.学术期刊编辑策划力的提升策略[J].采写编,2022(12):116-118.

[72]黄江华,王维朗,袁文全.重点选题对学术期刊高质量发展的作用及实施策略[J].出版广角,2023(1):25-29.

[73]徐清.专业出版社选题策划典型项目综述[J].中国报业,2023(2):46-47.

[74]吴凤鸣.20世纪地质科学发展历史的回顾及21世纪地质科学的展望[J].吉林地质,1998,17(1):93-22.

[75]吴凤鸣.20世纪地质科学发展历史的回顾[J].自然辩证法研究,1997,13(11):1-1.

[76]张文佑.地质科学的展望[J].地球科学,1982,18(3):1-4.

[77]王鑫,史静,肖仙桃,等.国内地质学研究领域学科发展热点与态势分

析[J].地质学报,2015,89(6):1144-1150.

[78]史静,肖仙桃,王鑫,等.国际地球科学研究热点与发展态势分析[J].地质学报,2013,87(12):1931-1939.

[79]中国地质科学发展战略研究组.中国地质科学近期发展战略[J].地球科学进展,1991,6(4):1-9.

[80]史静,肖仙桃,王鑫,等.2000—2014年国外部分地质调查机构科研态势分析:基于文献计量学方法研究[J].地质学报,2014,89(12):2433-2442.

[81]吴冲龙,刘刚,张夏林,等.地质科学大数据及其利用的若干问题探讨[J].科学通报,2016,61(16):1797-1807.

[82]金文正.地质科学特征及研究展望[J].中国科教创新导刊,2011,34:39-40.

[83]张凡.国内外成矿预测研究进展和趋势[J].矿物学报,2015,35(6):1090.

[84]彭琪瑞.近年地质科学发展中的一些方向和问题[J].地质科学,1960(6):273-281.

[85]孙张涛,田黔宁,吴西顺,等.国外致密油勘探开发新进展及其对中国的启示[J].中国矿业,2015,24(9):7-12.

[86]田黔宁,王淑玲,张炜,等.基于文献库资源看中国页岩气产业的发展历程和趋势[J].地质通报,2014,33(9):1454-1462.

[87]刘爱玲,史艳艳,陶柯霏,等.近现代中国地质科学学科兴趣中心的转移:基于1936年至2006年的文献统计[J].科学技术哲学研究,2010(2):79-85.

[88]王淑玲,吴西顺,张炜,等.全球页岩油气勘探开发进展及发展趋势[J].中国矿业,2016,25(2):7-15.